はじめに

物語の授業においては、場面に分けて場面ごとに内容を細かく読むことを目的として、子どもたちから感覚的な読みを表現させるという作品内容の読みに傾いた授業が行われる。このような学習では、子どもたちは何を学び、何が読めるようになったのかがわからない学習になっている。また、国語はいろいろな読み方があっていい、一人一人の読みは違っていい、とよく言われる。しかし、テストをすると正解や間違いが○や×によって示されるという矛盾がある。

確かに物語の読みは、読者が自由に想像を広げ楽しむという面もある。しかし、これは、読書の楽しみ方であって、国語の学習の中で行われる物語の授業とは違わなければならないと思う。読書と「国語の学習」での物語の読みをきちんと区別する必要がある。

国語で学ぶ物語の授業においては、「どのように何を読むか。」ということを大切にしなければならない。そのために私は、次の３つのことを重点として教材をとらえ、授業づくりを考えている。

◆教材には特徴がある。

授業で扱われる教材にはそれぞれ特徴がある。それぞれの特徴をとらえ、その特徴を生かして「何をどのように読むか？」という読みをさせていく。

◆作品は丸ごと読む。

物語は、さまざまな場面のつながりによってできている。このつながりをとらえることで、中心人物の変容の因果関係が読める。細かな部分だけを切り取って読むのではなく、作品全体のつながりをとらえて読めるようにしていく。

◆読みの技術の習得と活用

教材の特徴を生かした読みをしていくために、どのような技術を習得させるのかという読みの技術の習得を目指す。そして、その技術をさまざまな作品の読みに活用できるようにしていく。

よく「教材を教えるのか？」「教材で教えるのか」と言われるが、国語の学習という点から言えば「教材で教える」であると私は考えている。

本シリーズにおいては、それぞれの教材の特徴を分析し、その特徴から「何をどのように読ませるか？」を中心として、私の実際の授業実践から提案してみた。

教材分析、授業づくりには、「これで良し」ということはない。まだまだ課題がたくさんあるだろう。本書をご覧いただき、ご意見、ご指導をいただきたいと思う。

最後になりましたが、本書の企画、そして全時間の授業を追ってくださった、東洋館出版社の西田亜希子様には大変お世話になりました。感謝申し上げます。

平成 28 年 3 月

筑波大学附属小学校　白石 範孝

目次

I 章

「ごんぎつね」

白石流教材分析と全時の板書

教材分析シート

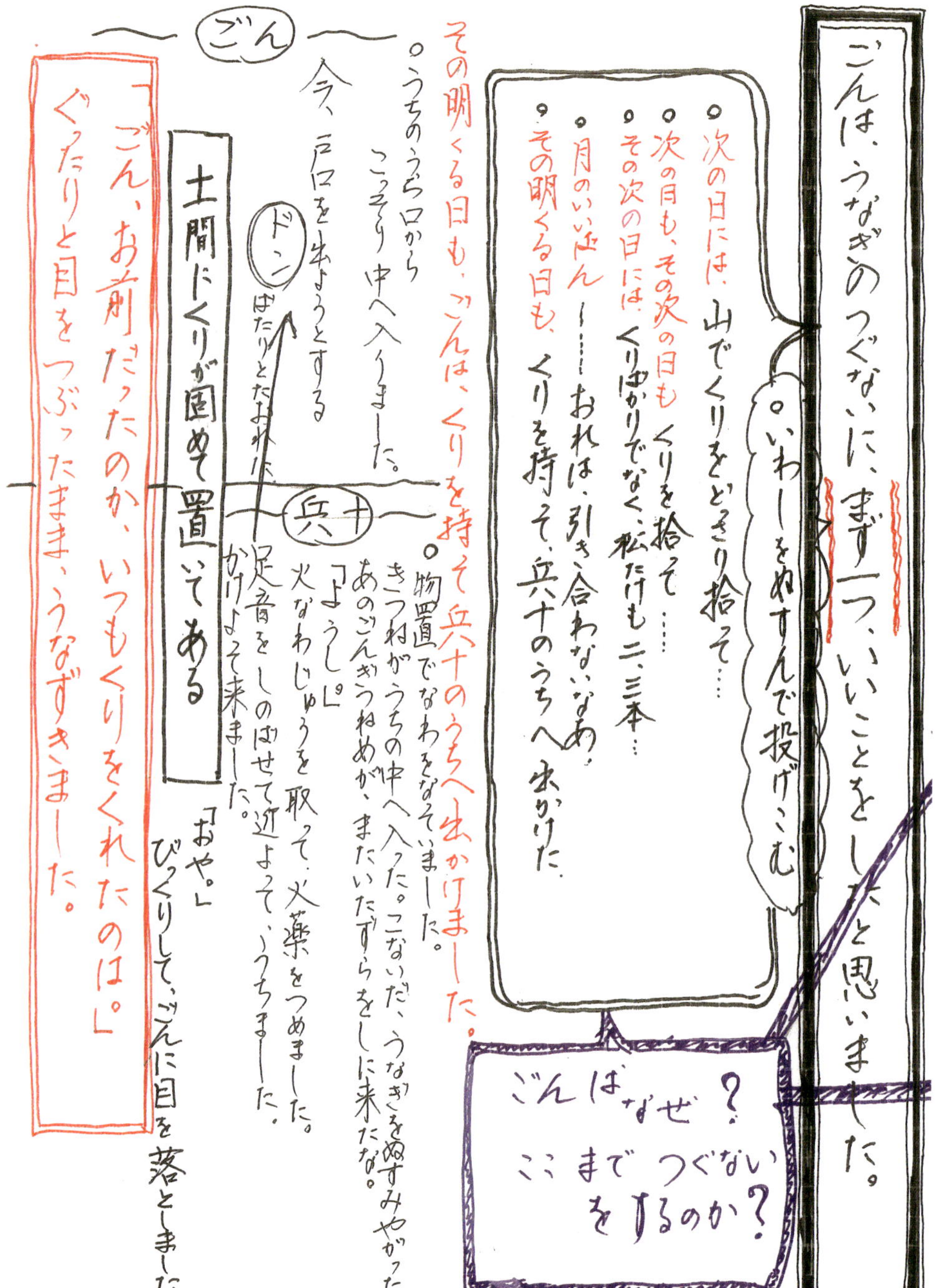
ごんは、うなぎのつぐないに、まず一つ、いいことをしたと思いました。
。いわしをぬすんで投げこむ
。次の日には、山でくりをどっさり拾って……
。次の日も、その次の日も くりを拾って……
。その次の日には、くりばかりでなく、松たけも二、三本…
。月のいいばん ……おれは、引き合わないなあ。
。その明くる日も、くりを持って、兵十のうちへ出かけた。
ごんはなぜ？
ここまで つぐないをするのか？
その明くる日も、ごんは、くりを持って兵十のうちへ出かけました。
ごん
。うちのうら口から
こっそり中へ入りました。
今、戸口を出ようとする
ドン
ばたりとたおれた。
兵十
。物置でなわをなっていました。
きつねがうちの中へ入った。こないだ、うなぎをぬすみやがった、
あのごんぎつねめが、またいたずらをしに来たな。
「ようし。」
火なわじゅうを取って、火薬をつめました。
足音をしのばせて近よって、うちました。
かけよって来ました。
「おや。」
びっくりして、ごんに目を落としました。
土間にくりが固めて置いてある
「ごん、お前だったのか、いつもくりをくれたのは。」
ぐったりと目をつぶったまま、うなずきました。

ごんぎつね

新美南吉（学校図書四年）

ごん情報

◉中山から少しはなれた山の中

◉ひとりぼっちの小ぎつね

しだのいっぱいしげった森の中にあなをほって住んでいました。

→ 夜でも昼でも辺りの村へ出てきて、いたずらばかりしました。

ある秋のこと、二、三日雨がふり続き、あなの中にしゃがんでいました。

ほっとして、あなからはい出ました。

いたずらがしたくなったのです。

兵十　魚を川の中に投げこむ。大きなうなぎをもってきて、草の葉の上にのせた。

十日ほどたって……兵十のおっかあのそう式を見る

そのばん、ごんはあなの中で考えました。

「兵十のおっかあは、とこについていて、うなぎが食べたいと言ったにちがいない。それで兵十がはりきりあみを持ち出したんだ。ところがわしがいたずらをして、うなぎを取ってきてしまった。だから兵十は、おっかあにうなぎを食べさせることができなかった。そのまま、おっかあは死んじゃったにちがいない。ああ、うなぎが食べたい、うなぎが食べたいと思いながら死んだんだろう。ちょっ、あんないたずらをしなけりゃよかった。」

※赤字……ごんが考えたこと　黒字――事実

兵十が、赤い井戸の所で、麦をといでいます。

兵十は、今までおっかあと二人きりで、まずしいくらしをしていたもので、おっかあが死んでしまっては、もうひとりぼっちでした。

「おれと同じ、ひとりぼっちの兵十か。」

こちらの物置の後ろから見ていたごんは、そう思いました。

ごんは、物置のそばをはなれて、向こうへ行きかけますと、どこかで、いわしを売る声がします。

ごんは、そのいせいのいい声のする方へ走っていきました。

こちらの物置の後からみてる

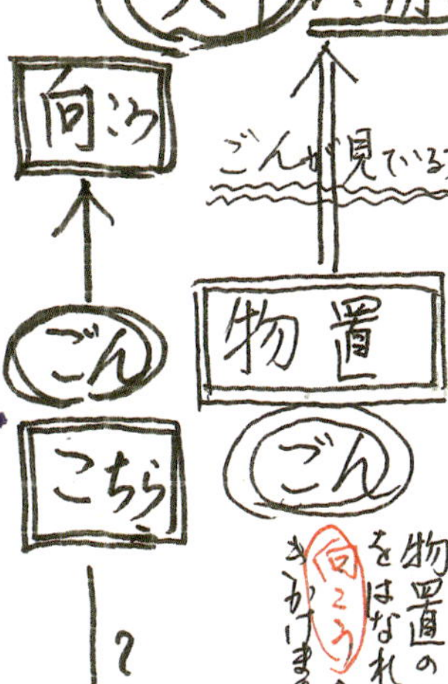

単元構想シート

ごんは、うなぎのつぐないに、まず一つ、いいことをしたと思いました。

○いわしをぬすんで投げこむ

○次の日には、山でくりをどっさり拾って…

○次の日も、その次の日も　くりを拾って……

○その次の日には、くりばかりでなく、松たけも二、三本…

○月のいいばん　……おれは、引き合わないなあ。

○その明くる日も　くりを持って、兵十のうちへ出かけた。

ごんはなぜ？
ここまで　つぐないをするのか？

その明くる日も、ごんは、くりを持って兵十のうちへ出かけました。

—（ごん）—

○うちのうら口から
こっそり中へ入りました。

今、戸口を出ようとする

（ドン）ばたりとたおれた

土間にくりが固めて置いてある

—（兵十）—

○物置でなわをなっていました。
きつねがうちの中へ入った。こないだ、うなぎをぬすみやがった、あのごんぎつねめが、またいたずらをしに来たな。
「ようし。」
火なわじゅうを取って、火薬をつめました。
足音をしのばせて近よって、うちました。
かけよって来ました。
「おや。」
びっくりして、ごんに目を落としました。

「ごん、お前だったのか、いつもくりをくれたのは。」
ぐったりと目をつぶったまま、うなずきました。

◆解決4　ごんの変容をまとめる

◎一文でまとめる

ごん　が　兵十にうたれる　ことによって、兵十に自分のことをわかってもらう　話。

◎作品のサブタイトルをつける

・わかり合う　・すれちがい　・ひとりぼっち

んが行った方向を考える。

……ごんは兵十に近寄って行く……
「おれと同じ、ひとりぼっちの兵十か。」
同じ境遇の兵十に思いを寄せる。

◆解決3　心のすれ違いを読む

（ごん）

○一場面
いたずら・ひとりぼっち

○二場面
そう式をみる。
思い込み

○三場面
おれと同じひとりぼっち
まず一つ、いいことを…

○四場面
二人のあとをついていく。

○五場面
ひきあわないなあ

○六場面
うたれる。
うなずく

（兵十）

○いたずらをされる。
うなぎをぬすまれる。

○おっかあのそう式
なんだかしおれている。

○ひとりぼっち
いわしやにぶんなぐられ…

○お念仏にでかける
ふしぎなことがおこる

○神様のしわざ
神様にお礼を…

○ひなわじゅうでうつ
かためて置いてあるくりをみつける。

つぐない
わかってもらう

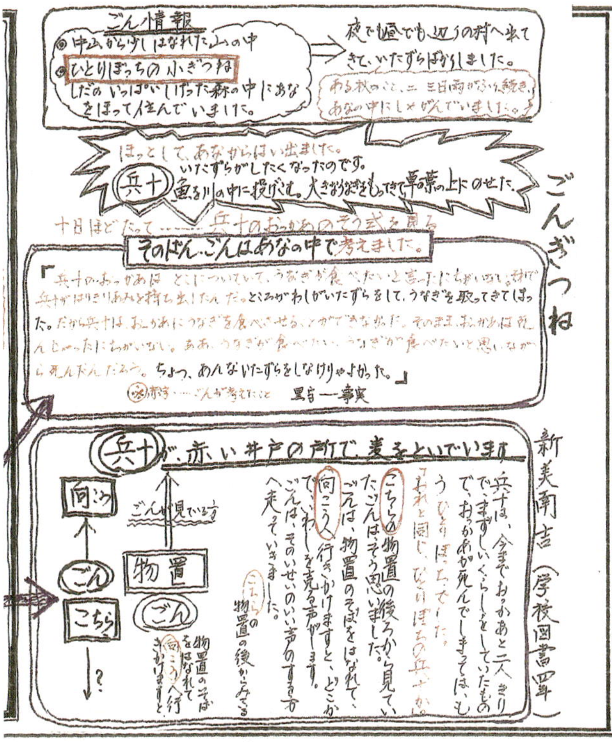

ごんぎつね
新美南吉（学校図書四年）
ごん情報
◎中山から少しはなれた山の中
◎ひとりぼっちの小ぎつね
しだのいっぱいしげった森の中にあなをほって住んでいました。
夜でも昼でも辺りの村へ出てきて、いたずらばかりしました。
ある秋のこと、二、三日雨がふり続き、あなの中にしゃがんでいました。
ほっとして、あなからはい出ました。
いたずらがしたくなったのです。
兵十
魚を川の中に投げこむ。大きなうなぎをもってきて草の葉の上にのせた。
十日ほどたって……兵十のおっかあのそう式を見る
そのばん、ごんはあなの中で考えました。
「兵十のおっかあは、とこについていて、うなぎが食べたいと言ったにちがいない。それで兵十がはりきりあみを持ち出したんだ。ところが、わしがいたずらをして、うなぎを取ってきてしまった。だから兵十は、おっかあにうなぎを食べさせることができなかった。そのまま、おっかあは死んじゃったにちがいない。ああ、うなぎが食べたい、うなぎが食べたいと思いながら死んだんだろう。ちょっ、あんないたずらをしなけりゃよかった。」
兵十が、赤い井戸の所で、麦をといでいます。
向こう
ごん
こちら
ごんが見ている方
物置
ごん
物置のそばをはなれて向こうへ行きかけますと、
こちらの物置の後からみている
兵十は、今までおっかあと二人きりで、まずしいくらしをしていたもので、おっかあが死んでしまっては、もうひとりぼっちでした。
「おれと同じ、ひとりぼっちの兵十か。」
こちらの物置の後ろから見ていたごんは、そう思いました。
ごんは、物置のそばをはなれて、向こうへ行きかけますと、どこかで、いわしを売る声がします。
ごんは、そのいせいのいい声のする方へ走っていきました。

問いをもつ

つぐないに
まず一ついいことを

○次の日には…
○次の日も、その次の日も…
○その次の日には……
◉月のいいばん
おれは引き合わない
○その明くる日も

―問いをもつ―
なぜ？
こんなにもつぐないをするの？

解決1　ごんの思い込み

子どもの読み

ごんがいたずらをして、うなぎをもってきてしまい、兵十のおっかあは、うなぎが食べられなくて死んだ。
ごんのいたずらで兵十のおっかあは死んだ。

◎二の場面
そのばん、ごんは、あなの中で考えました。
「……」の内容を「ごんが考えたこと」「事実」に分けて読む

- 一文目……考えたこと
- 二文目…考えたこと
- 三文目……事実
- 四文目…考えたこと
- 五文目……考えたこと
- 六文目…考えたこと
- 七文目……事実

「ごんの思い込み」

解決2　つぐないの発端を読む

◎三の場面
ごんの行動、動きをあらわす言葉から「こちらの……」「向こうへ……」をとりあげ、ご

第2時の授業の板書

物語を通しての音読や、読みの確認などを第１時で行った。本時から、いよいよ本格的な読みに入る。その冒頭で、「ごんぎつね」を一文で書く活動を行う。子どもたちはまだこの物語をしっかり読めていないので、「一文」もなかなか定まらない。この「ゆれ」が子供たち自身の問いにつながる。

表面的に読んでいくと、中心人物であるはずのごんの心が描かれていないように見えてしまう。これまでそんな物語に出合ったことのない子どもたちに戸惑いが見られる。

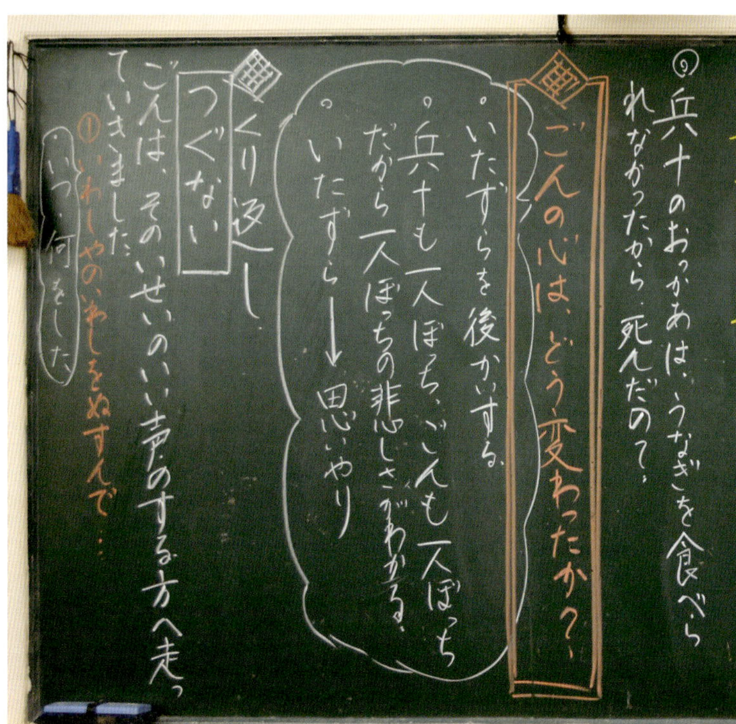

「ごんぎつね」では、実はごんの行動の理由が、あまり明確には書かれていない。それだけに、行動から心情変化を読み取っていくことが、非常に重要になる。

◀ つぐないを繰り返すごんの行動に着目させ、そこからごんの心の動きを読み取らせる。

いわしやの声を聞いたときに、▶ ごんがつぐないを思い立ったことに気付かせる。このことは、ごんの心情変化を読みとっていくうえで、重要である。

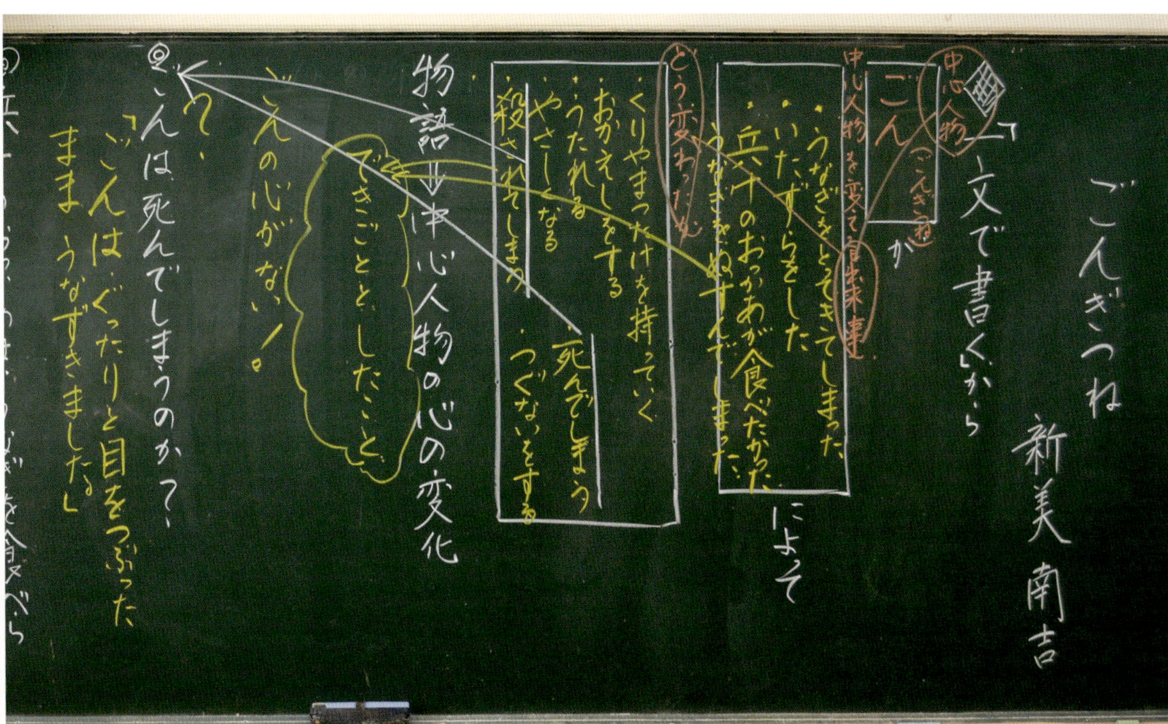

第３時の授業の板書

本時では、ごんのつぐないを詳しく見ていき、つぐないの動機が実はごんの思い込みにあることを気付かせる。
個々のつぐないについては、本時以降もくり返し取りあげることになるので、直接の板書ではなく、短冊を用いることにした。
短冊を用いるといっても、事前に準備したりする必要はない。授業中に書いても、板書するのと時間は同じだ。また、子どもに問いかけているのに「用意したものを出す」といったわざとらしさもなくなる。

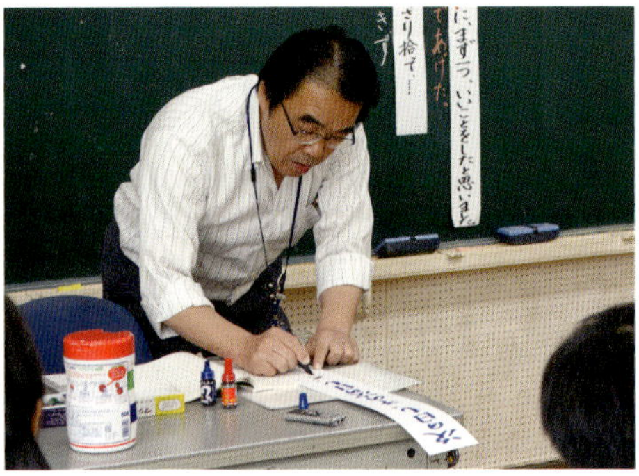

ごんが、連日くりなどを持っていっていることや、「神様がくれている」と言われてがっかりした翌日にも持っていっていることを強調するため、時制の部分は青で示した。また、キーワードである「つぐない」は赤で示した。

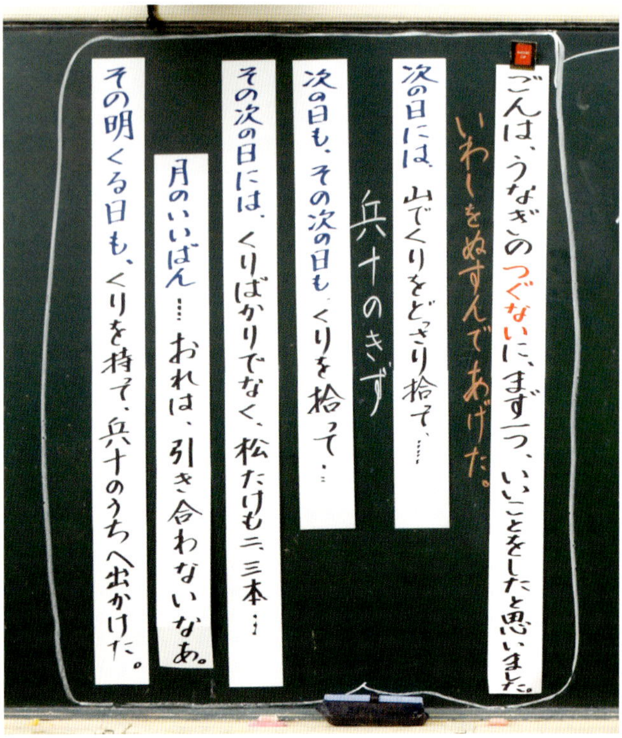

ごんの償いの根拠が、実はごんの思い込みであることが明らかになった。これは、ごんがここまでつぐないにこだわる理由や、兵十がごんを撃った理由とも関係してくる、重要な部分である。

◀ 短冊を並べてみると、いかにごんが「つぐない」にこだわっているのか、視覚的にとらえることができる。

夜、あなの中でごんがあれこれ考える場面については、あえて黒板、ノートに視写した。中学年以降、視写の機会も減るが、視写すると、読んでいただけでは見逃してしまうことに気付くこともできる。今回も、ごんの思い込みを示している文末表現に気付かせるために視写した。さらに色分けも行って、そのことを強調した。▶

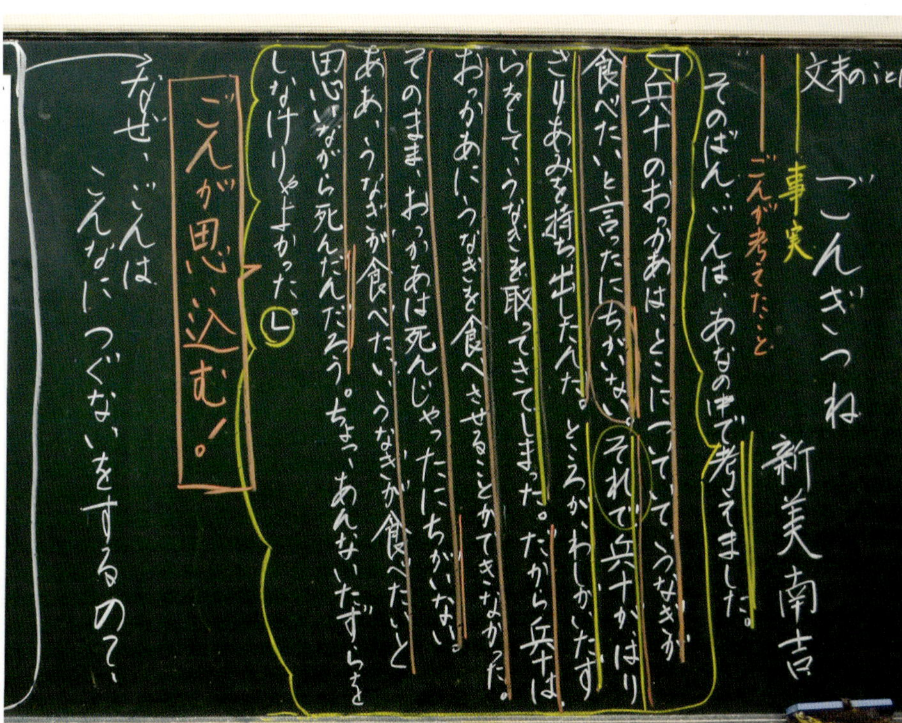

第４時の授業の板書

前時に使った「つぐない」の短冊を掲示。本時で明らかにしていきたい「ごんは、なぜこんなにもつぐないをしたのか」という問いを書く。黒板の中央部をあけ、あえて左側に掲示したのには理由がある。ごんのつぐないが、ごんの思い込みによることを明らかにした前時の学習内容を振り返っておく。

赤い井戸のそばでむぎをといでいる兵十を見たごんは、「どっちへ行こうとしたのか」という問いを、図をかいて示す。意見を聞いていくと、それぞれが勝手な思い込み……つまりイメージと感覚で読んでいることが明らかになっていく。

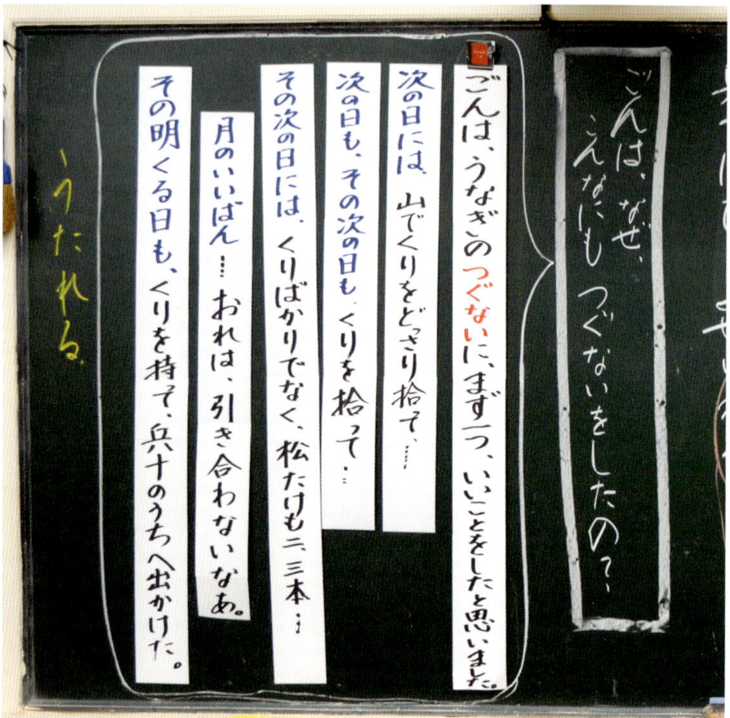

図、短冊などを活用した板書ができあがった。このように様々な工夫を行ったり、視覚的にとらえやすくすることも大切である。

ごんは、兵十の方へ歩み寄ろうとしたのだということが明らかになると、子どもたちの中に驚きが走った。しかしこのことが、ごんのつぐないの理由は単なる「おわび」ではないことを示す重要なとらえ方になる。

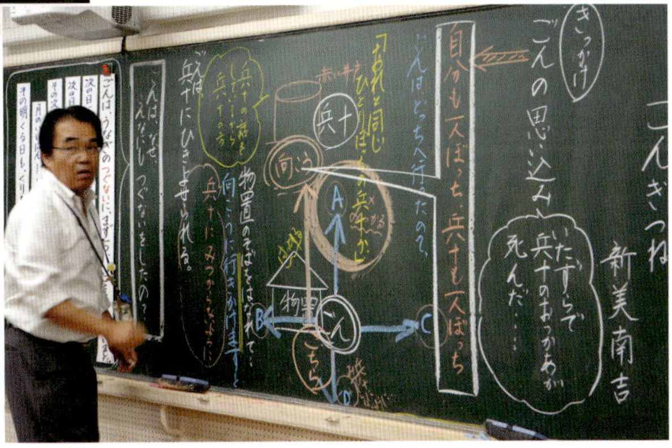

ごんはどちらへ行こうとしたのか、という読みから、ごんは、自分と同じ一人ぼっちの境遇になってしまった兵十に、引き寄せられたことが明らかになった。これが、ごんがつぐないを繰り返した理由につながっていることも見えてきた。

第5時の授業の板書

▲ 前時までの振り返りを行う。前時の問いであった「どうして、ごんは、こんなにもつぐないをしたの?」を、やや中央よりに書いたのは、右側に、前時も使ったつぐないの短冊を掲示するから。板書は、ただ順番に書いていくのではなく、完成形をはじめに想定しておくと、このような効果的な使い方ができる。

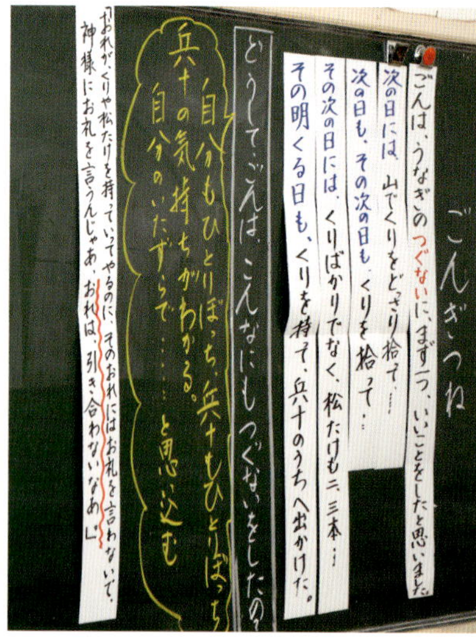

▲ 本時は6場面の読みに入るが、そのためにも、5場面でごんが「引き合わないなあ」とぼやいていたことをしっかりおさえておく。これによって、それでもつぐないを続けるというこだわりが、より鮮明になる。

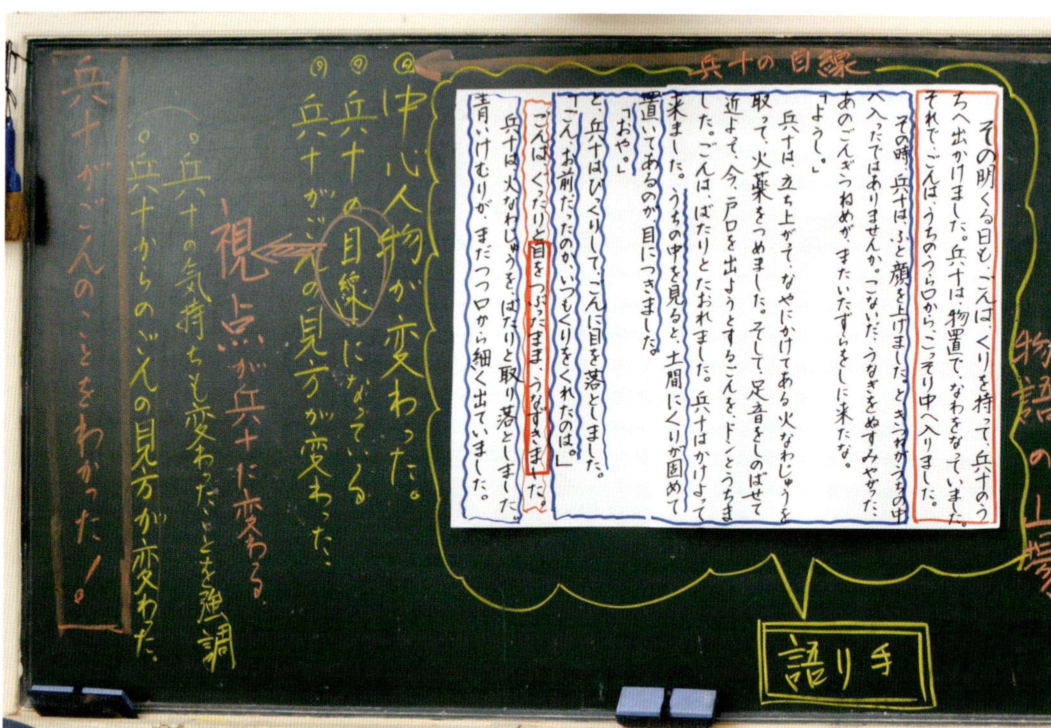

▲ 6場面はこの物語の山場で、中心人物であるごんがもっとも変容しているはずだが、それが読み取りにくい。物語とは、中心人物がプラス方向かマイナス方向へ変容するものであることを図に示しておさえておく。

▼ 模造紙に書いた6場面を掲示する。第3時のように黒板に視写する方法もあるが、6場面についてはこのあともくり返し使うことになるため、模造紙を使った。これだけのボリュームがあるので、さすがに事前に準備しておいた。

6場面の最大の特徴である視点の転換をはっきりさせるため、色分けして傍線を引いていく。このあと、「クライマックス」についても説明する予定だが、そのためにも、視点がかわるということをしっかりと理解させておく必要がある。

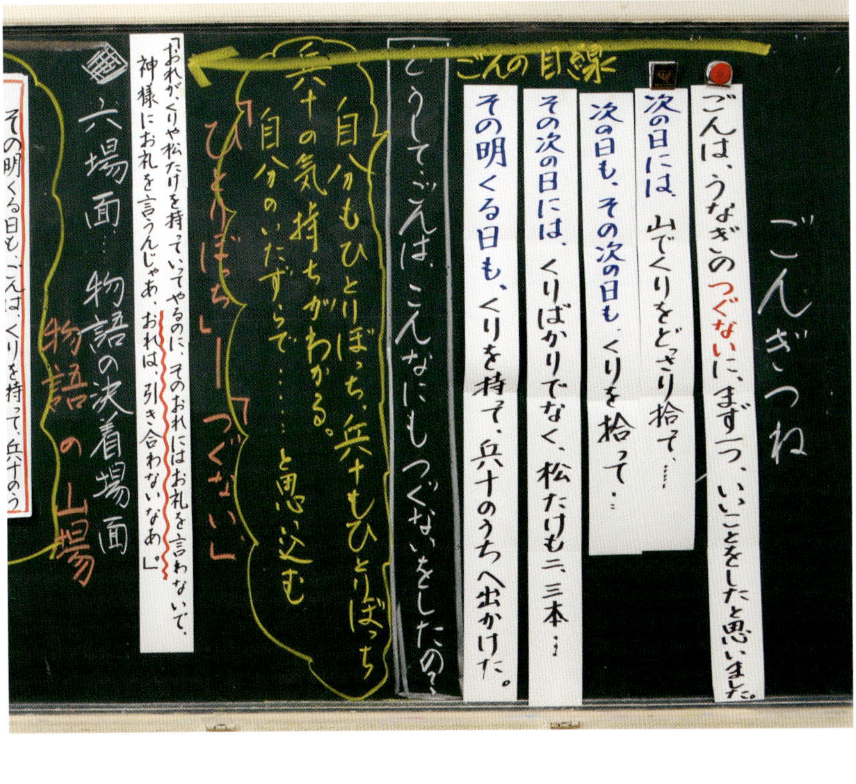

◀ 最終的な板書は、6場面を中心とした教材分析図のようになった。板書は、あとで見たときに、その時間に学習したことがわかるものになっていることが理想だと考えている。

ごんぎつね

第6時の授業の板書

前時の最後に、「どうしてごんはうなずいたのか」という問いを出しておいた。しかし、それに触れる前に、前時までに学習したことを振り返っておく。時間ごとに区切って学習しているが、本来は一連の学習としてつながっているので、前時までの振り返りがとても重要な意味を持つ。

私の板書では、「吹き出し」をよく使う。あることがらについて、理由を書く、説明する、気持ちを明らかにする……さまざまな使い方ができ、しかもわかりやすい。吹き出しを書くと、子どもたちも、この中にあてはまることを考えるのだな、ということがとらえやすくなる。

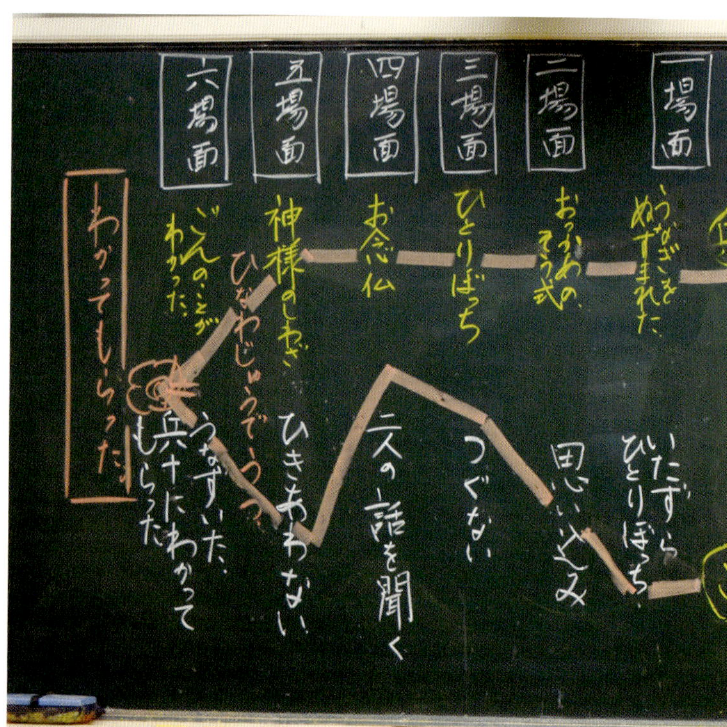

これによって、「ごんぎつね」の全体の流れを詳しくつかめたはずである。最後となる次時では、「一文」をもう一度書いてみる。

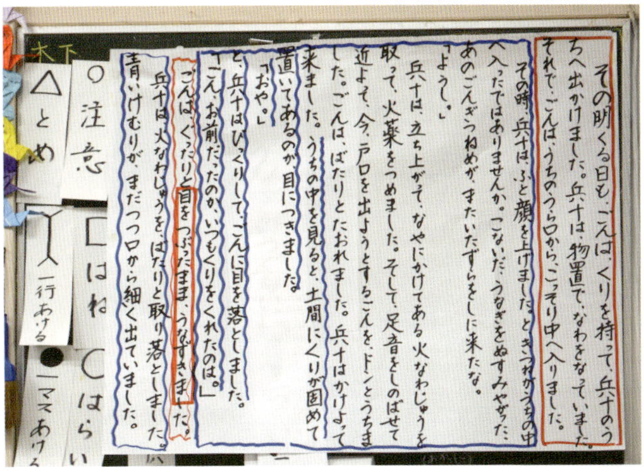

前時に使った、6場面を視写した模造紙は、黒板の横に掲示しておいた。このようにしておくと、必要なときにすぐに立ち戻り、実際の記述を確認することができる。

心情曲線については、今回、はじめて触れる。そこで、場面ごとのまとめかたと、心情曲線の例を少しだけ記入し、見本とした。
しばらくそれぞれに考えさせた後、まずは場面ごとのごんと兵十を挙げさせた。そのあと、子どもたちと話しながら、心情曲線を描いていき、6場面ではじめて、ごんと兵十の心情曲線が交わることを明らかにした。

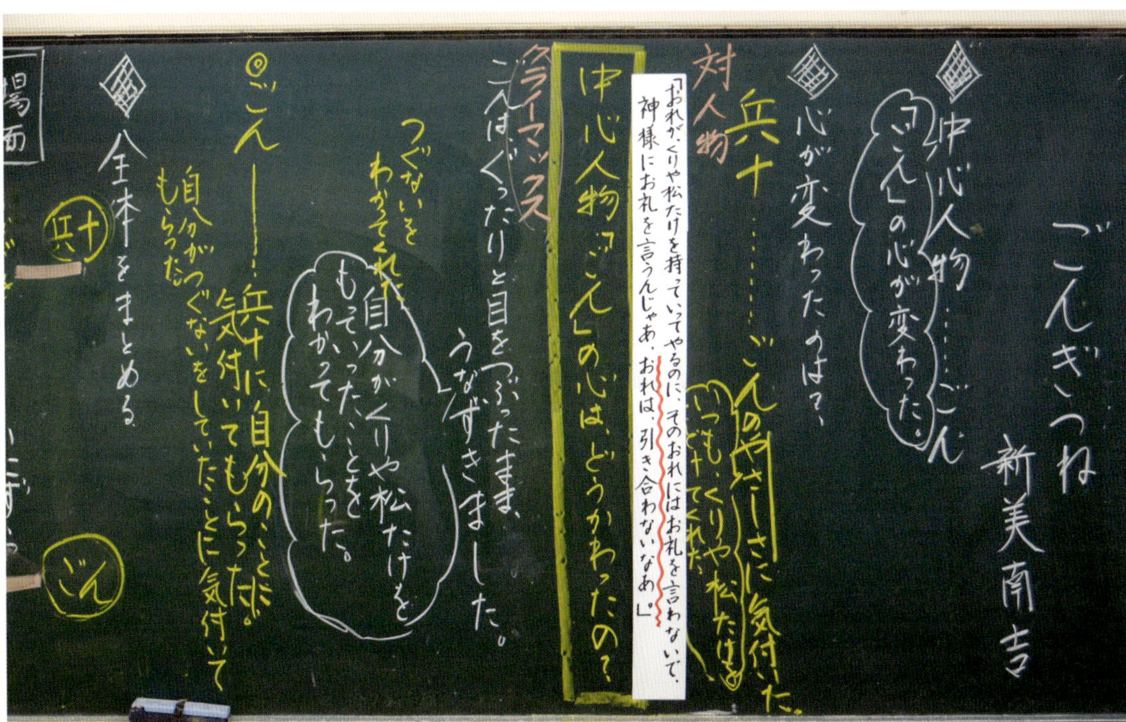

ごんぎつね

第7時の授業の板書

この単元の冒頭で行った「一文で書く」を、学習の最後にもう一度行う。どんな違いが出てくるのか、楽しみでもあり、不安でもある。
「一文で書く」のそれぞれの四角にどんなものが入るのかを再度確認。最初の四角には「中心人物」が、2番目の四角には「中心人物が変容した事件・出来事」が、3番目の四角には、「どう変わったのか」が入る。

中心人物については問題なかったが、中心人物がもっとも変容した事件がなかなか出てこなかった。いくつかの意見が出たが、それぞれを板書した。たとえ的外れなものでも、その子どもなりに一生懸命考えたもの。雑な扱いはするべきでない。
事件として「つぐない」をあげる児童が多かったので、あえて前時までに使ったつぐないの短冊をとりだし、どうしてごんはつぐないにこだわったのか、つぐないを続けた結果、何が起きたのかを考えさせた。

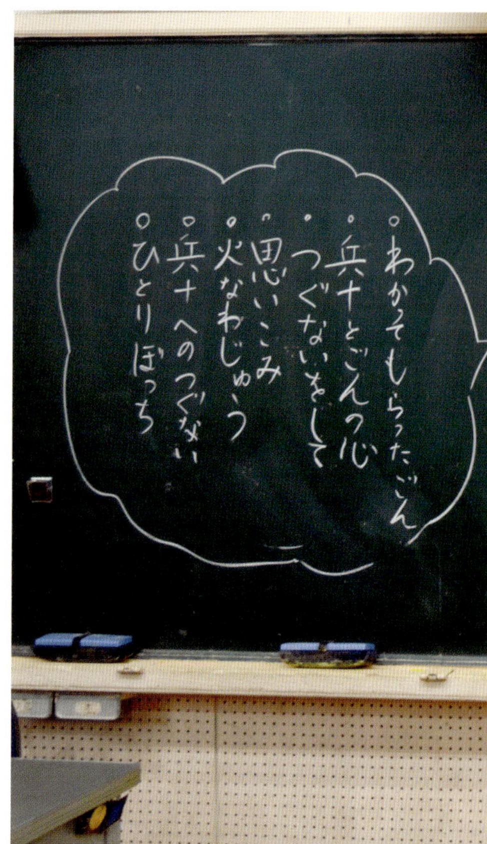

最後の板書である。これまでの学習で子どもたちの理解が進み、物語の読みが深まっていたので、最後の時間の板書は、意外とあっさりとしたものになった。

無事に「一文」で書けたので、今度はそれをもう少し、詳しく書いて見ることにした。たとえばごんについては、

・いたずらずきの

・一人ぼっちの

など、物語の中から拾わせる。「本当はやさしい」など、物語の読みから逸脱しているものについては、「それは、お話の中に書いていないでしょ」と指摘しておく。

最後に、「ごんぎつね」にサブタイトルをつけさせたり、「ごんぎつね」の紹介を書かせることにした。いわゆる発展的な活動である。「物語の続きを考えてみよう」といった、どんな答えでも通用してしまい評価の対象にできないような活動は避けたい。

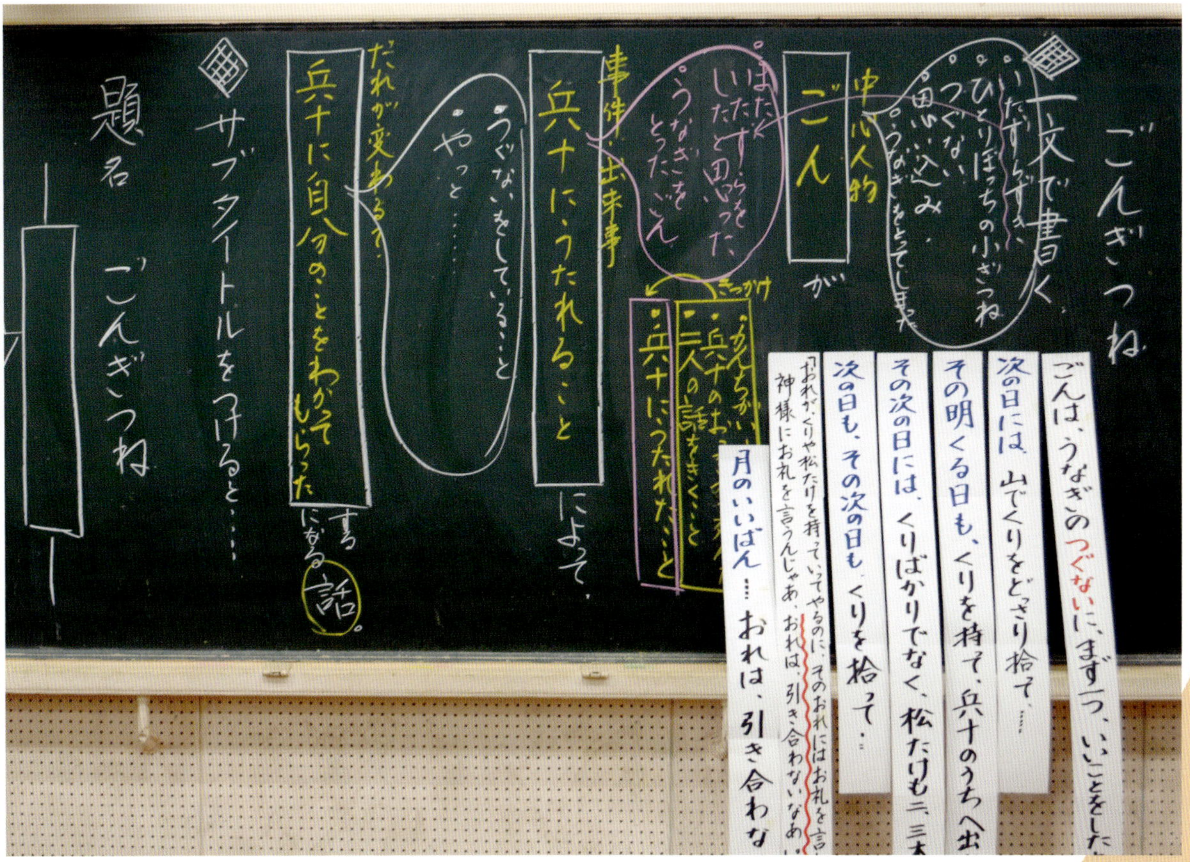

Ⅱ章

「ごんぎつね」
単元構想

「ごんぎつね」教材としての魅力

本教材の特徴は次の２点である。

●読者の感情移入が強く、思い込みで読み進めてしまう。

本作品は、中心人物「ごん」が最後に撃たれてしまうという悲劇で終わっていることもあって、多くの子どもたちがとても悲しい物語として読んでしまう。さらに、その原因が「ごんのいたずらで兵十のおっかあは死んでしまった。」という読みをしてしまうことが多い。よって、このことを叙述を正確に読んでいくことで読者の思い込みや読み間違いをただしていかなければならない。

●「視点の転換」がある。

本作品の最終場面には視点の転換がある。最初の場面から６場面のはじめまでは、語り手の語りが中心人物「ごんの視点」て描かれ、６場面では「兵十の視点」で描かれている。この視点の転換は、対人物の心の変容を強調する効果があるので、兵十の心の変容を読むことに生かしていく。

単元を構想する

（1）身に付けさせたい力

◆語り手の視点の変化をとらえて人物の変容を読むことができる力

◆作品全体を丸ごと読むために、物語を「一文で書く」ことを通して、作品全体をとらえる力

◆中心人物の「こだわり」や「中心人物の変容」から作品のテーマをとらえ、自分なりに表現できる力

（2）単元の概要

中心人物の変容をとらえていくために、「中心人物のこだわり」である、何度もくり返される「ごんのつぐない」をとらえさせることから入っていく。そして、「なぜ、ごんはここまでつぐないをくり返すのか？」を探っていく読みをすることで、ごんの心の変容を読んでいけるようにする。ごんと兵十の心のすれ違いから生まれる悲劇と「うなずきました」に込められたごんの心を考えながら…

（3）指導のポイント

◆ポイント１　ごんのこだわりである「つぐない」の原因を読む

くり返されるごんのつぐないの原因を考えさせ、読者の思い込みと読み違いに気付かせていく。

◆ポイント２　視点の転換から対人物の影響を読む

語り手がだれの立場から語っているのかを考えることで「視点の転換」に気付かせ、対人物の影響を読ませていく。

単元計画（全７時間）

第一次

第１時　共通の読みの土俵を作る
—音読を通して、登場人物や物語の設定を読む—

第2時　「思考のズレ」を生む
—作品を丸ごととらえ、作品全体を一文で書く—

〈指導上の留意点〉

第１時においては音読を中心に行い、登場人物や物語の設定をとらえて話の大体をとらえることができるようにする。

第２時においては、「一文で書く」活動を通して、中心人物「ごん」の変容を読み、「ごんのいたずらで兵十のおっかあが死んだ」というような読者の思い込みや読み違いを表出して、今後の読みの方向をとらえることができるようにする。

〈評価（評価の方法）〉

◆物語を「一文で書く」ことを通して疑問を出し合う。

（方法）

ノートにまとめた一文を交流し合うことから、それぞれの□の中の言葉を出し合うことで中心人物、出来事（事件）、変容をどのくらいとらえられているかを見る。この中で、出来事（事件）や「変容」にさまざまな読みが出てくる。これを読みの課題として持つことができるようにする。

◆読みの方向を持つことができる。

（方法）ノートの記述

それぞれが表現した一文の内容を発表し、これを交流し合うことによって読みの違いに気付き問題意識を高めていく。

一文で表現した内容の「出来事」と「変容」に読みの違いが多く見られることに気付き、「ごんの心は、どう変わったか？」を読みの目当てとしてノートに書き、それに対する自分の考えをまとめることができる。

第二次

第３時　「つぐない」を読む
—２場面の内容からその原因を読む—

第４時　「つぐない」を読む
—３場面の内容からその原因を読む—

第５時　作品の山場を読む
—視点の転換から中心人物の変容を読む—

第６時　クライマックスを読む
—「うなずきました」から、ごんの心を読む—

〈指導上の留意点〉

子どもたちの読みが、つぐないの原因は、「ごんがいたずらをしたから兵十のおっかあが死んだ。そのつぐないをしている。」と読んでいることが多い。この読みを見直すために、

２場面のごんが考えたことを「事実」か「ごんが考えたこと」かを区別して、「ごんの思い込み」であることをおさえる。

さらに、３場面での兵十に対して寄り添おうとしているごんの思いを「おれと同じ、ひとりぼっちの兵十か」からとらえさせていく。

〈評価（評価の方法）〉

◆「事実」か「ごんが考えたこと」かを区別している。

（方法）発言・ノートの記述

ごんがほらあなの中で考えた「　」の中の全文を、それぞれ文末表現を手がかりとして「事実」「考えたこと」に区別して、この場面から「ごんの思い込み」であることを読むことができる。

◆３場面を図に表現してごんの行動をとらえているか。

（方法）発言・ノートの記述

麦をといでいる兵十の姿を物置の後ろから見ているごんは、どちらの方向に行こうとしているかをノートに図で表現できているか。

このときの手がかりとして、「こちらの物置の後ろから～」と「向こうへ行きかけますと～」の関係からとらえ、兵十に寄り添っていることがノートに書けるようにする。

さらに、ごんの「おれと同じ、ひとりぼっちの兵十か。」の言葉から、自分と同じ「ひとりぼっち」であることを、ごんの思いとしてノートに表現できる。

第三次　第７時　作品のテーマに迫る

—「一文で書く」を通して、作品のテーマを読む—

〈指導上の留意点〉

前時の読みを糧として、作品全体を「一文で書く」活動をする。その中で、兵十がごんの思いにやっと気付いたことを「ごんは、ぐったりと目をつぶったまま、うなずきました。」からとらえて、ごんの思いを表現できるようにする。さらに、１場面から通して、二人の心のすれ違いが、悲劇を迎えた最後の場面で、やっとお互いの心がわかった流れを心情曲線に表現することができる。

〈評価（評価の方法）〉

◆心情曲線から二人の心をとらえている。

（方法）発言・ノートの記述

心情曲線を書くことで、二人の心のすれ違いが悲劇を招き、そして二人がやっと、お互いの思いを知ることを図に表現できる。

◆クライマックスをとらえ、自分なりに一文にまとめ作品のテーマを書いている。

（方法）ノートの記述

クライマックスの二人の心をとらえて、一文に表現できるようにする。また、この作品にサブタイトルを考えさせることから、「ひとりぼっち」「思い込み」「つぐない」などの言葉を考えて作品のテーマを表現できるようにする。

Ⅲ章

「ごんぎつね」
全時間の授業

第1時 共通の読みの土俵を作る
―音読を通して、登場人物や物語の設定を読む―

1. 本時の概要

物語を通して音読し、漢字の読み、読みにくい部分、言葉の意味などの確認をした後、登場人物や物語の設定をおさえた。また、初読の結果として、その時点の「一文」をそれぞれまとめた。

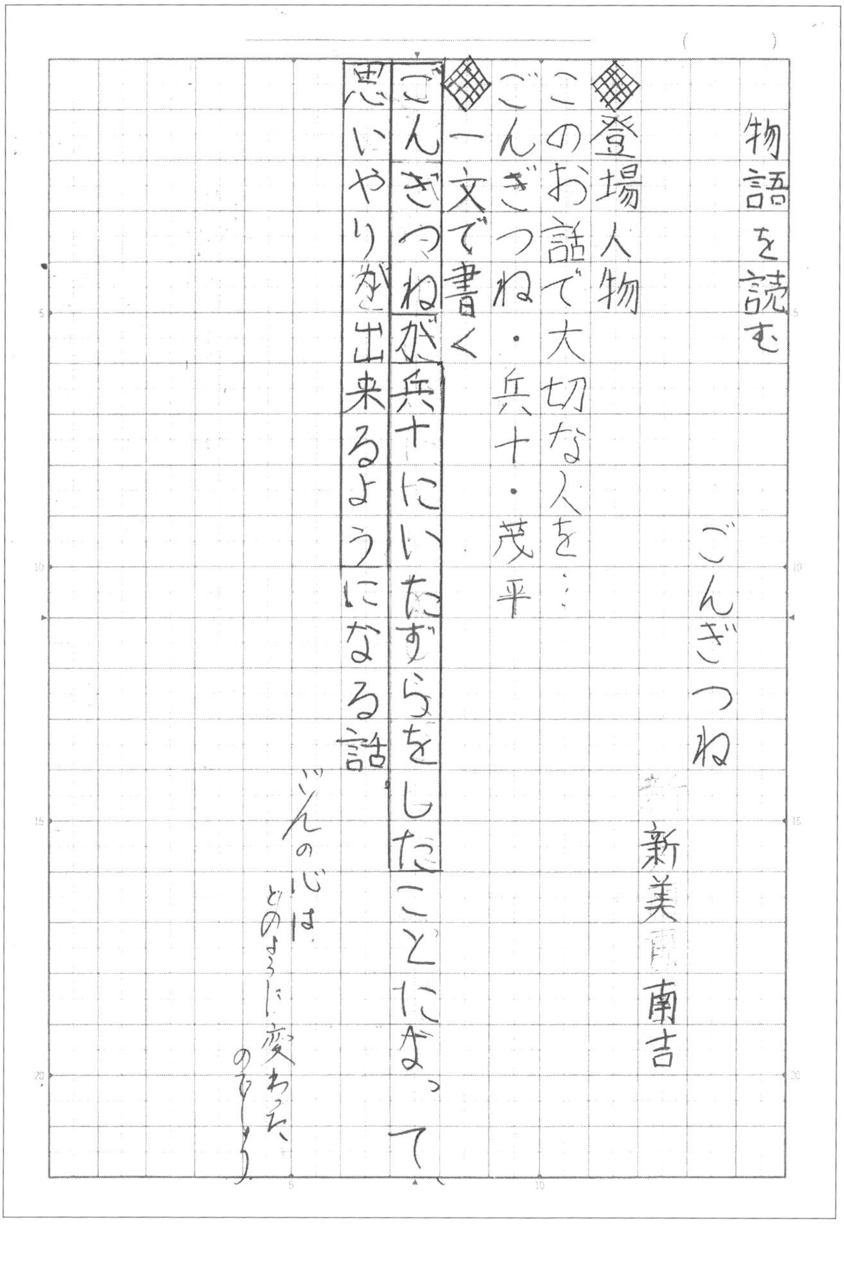

物語を読む
ごんぎつね
新美南吉
◆登場人物
このお話で大切な人を…
ごんぎつね・兵十・茂平
◆一文で書く
ごんぎつねが兵十にいたずらをしたことになって
思いやりが出来るようになる話。
ごんの心は
どのように変わった、

ごんぎつね・・・・一文で書く（初発

平成 27 年 10 月 21 日（水）
単元の１時間目の子どもたちの読み

◎　ごんぎつねが　うなぎをとってきてしまうことによって、兵十の家に、くりやまつたけをひっそり置くがまちがえてうたれてしまう話。
◎ごんぎつねが　うなぎをぬすんだことによって、くりをまいにちとどける話。
◎ごんぎつねが　いたずらしたことによって　いたずらしたおかえしをする話。
◎ごんぎつねが　兵十にいたずらをすることによって、やさしく思いやられるようになる話。
◎ごんが　兵十のうなぎをとったことによって、おんがえしをしようとするお話。
◎ごんぎつねが　いたずらをしたことによって　くりやまつたけをあげる話。
◎ごんぎつねが　兵十の母が死ぬ前に食べたかったうなぎをぬすんだことによって、くりやまつたけをもっていったりする話。
◎ごんが　兵十のうなぎをとってしまったことによって、毎日食べ物を兵十に持って行く話。
◎ごんが　うなぎをにがしたことによって、兵十がおこってくりを毎日とどけたけどうたれてしまう話。
◎ごんぎつねが　いたずらをすることによって、ごんはわるく思いくりやまつたけを毎日持って行く話。
◎兵十が　おっかあが死んだことによって、ごんをうってしまう話。
◎ごんが　兵十のおっかあが食べたかったうなぎをぬすみ死んでしまったことによって、ごんは悪く思い、くりやまつたけを持って行く話。
◎ごんぎつねが　兵十がとったうなぎをぬすんだことによって、毎日、兵十にくりやまつたけをあげるようになった話。
◎兵十が　兵十のとったうなぎをぬすみ、兵十のおっかあがうなぎを食べないで死んだことによって、ごんががんばっていろいろなものをとどけて、ばんかいしようとする話。
◎ごんぎつねが　兵十がとったうなぎをぬすんだことによって、かわいそうだと思い、くりやまつたけをあげるようになる話。
◎ごんが　兵十にいたずらをしたことによって、やさしくなる話。
◎ごんが　兵十がおっかあのためにとった太いうなぎをぬすんだことによって、うなぎのつぐないとしてくりやまつたけをもっていったりする話。
◎ごんぎつねが　うなぎをぬすんだことによって、兵十にいいことをする話。
◎きつねのごんが　うなぎをぬすんで、兵十のおっかあが死んだことによって、悪く思い家に食べ物をこっそり置いた話。
◎ごんが　兵十がとったうなぎをたべたので殺されてしまう話。
◎ごんが　うなぎをぬすんだことによって、死んでしまう話。
◎ごんが　兵十にてっぽうでうたれたことによって、死んでしまう話。
◎ごんぎつねが　いたずらをしたことによって、兵十にうたれて死んでしまう話。
◎ごんが　うなぎをぬすんだことによって、おんがえしをする話。
◎ごんが　いたずらをすることによって、兵十にくりをあげるようになる話。
◎ごんぎつねが　うなぎをぬすんだことによって、兵十をかわいそうになってくりやきつたけをとどける話。
◎ごんが　うなぎをぬすんでしまうことによって、そのつぐないにくりなどを毎日兵十の家にもっていったら、気付かれて死んだ話。
◎ごんぎつねが　うなぎをぬすんだことによって、ごんぎつねがうなぎをぬすんだつぐないをする話。
◎ごんが　うなぎをぬすんだから、兵十のおっかあが死んでしまったことによって、ごんはおんがえしをしたがうたれてしまう話。
◎ごんぎつねが　うなぎをぬすんでしまったことによって、兵十がおっかあにうなぎを食べさせることができなくなった話。
◎ごんぎつねが　いたずらをすることによって、兵十が毎日、物を食べられるようになる話。
◎ごんぎつねが　兵十にいたずらをしたことによって、兵十のためになるようにがんばる話。
◎いたずらずきなごんが、うなぎをぬすんでしまって兵十のおっかあが死んでしまったことによって　悪く思い毎日、兵十にくりをあげるようになる話。
◎いたずらずきなごんが　区別のつかないいたずらをしたことによって、親切をしたにもかかわらず、兵十にうたれてしまうことになる話。
◎ごんぎつねが　母さんが死んだことによって、やさしくできる話。
◎ごんぎつねが　うなぎをぬすんだことによって、ごんぎつねがうなぎをぬすんだつぐないをする話。
◎ごんぎつねが　兵十にいたずらをしたことによって、思いやりが出来るようになる話。

第2時 「思考のズレ」を生む
―作品を丸ごととらえ、作品全体を一文で書く―

1．本時の概要

第1時に続き、作品の読みを支えるための読みの土俵を作る段階である。まずは、作品全体を丸ごととらえていくために多様な音読をする。前時では、音読を中心とした学習を行い、作品の概要はとらえている。

本時においては、読みの観点を通して読みの共通の土俵を作っていく。登場人物、中心人物の確認をして、「一文で書く」活動を行う。中心人物の変容を表現する段階で子どもたちの読みのズレを表出し「ごんの心はどのように変わったのか？」を中心話題としてとらえさせ、これをこの単元での読みの方向にしていくのである。

2．本時の学習目標

- 話の内容を「一文で書く」ことを通して、作品を丸ごと読むことができる。
- 中心人物「ごん」の「こだわり」である「つぐない」をとらえさせ、その内容を読むことができる。

導入

1 音読する

白石　先生が声をかけるまで、それぞれ声を出して読んでごらん。

―個々に「ごんぎつね」を音読―

―１分ほど時間をとる。―

白石　そこまで。読めたところに印をつけておきなさい。

One Point
導入では原則として音読を行う。ただし、毎回必ず通しで音読を行っていたのでは時間がかかるし、緊張感もなくなる。どこまで読むかを決めたり、時間を区切るなどの工夫をするとよい。

展開

2 「一文」を検討する

白石　今日は、ごんぎつねの２時間目ですね。昨日皆さんに、この作品を一文で書いてもらいました。

どんな一文を書いているか、見ていきたいと思います。じゃあ、プリントを配ります。

—プリントを配布する—

白石 最初の四角には何が入るの？
児童 ごん。
児童 ごんぎつね。
白石 そうだね。ここは中心人物が入るんだね。一人だけ「兵十」って書いた人がいるけど、兵十は中心人物じゃないね。
児童 うん。
白石 次の四角。ここは、「〜によって」のところだけど、みんなが書いているのを見てみたら、だいたい、「ごんが、うなぎをとってしまったことによって」「いたずらをしたことによって」「兵十のおっかあが食べたかったうなぎをぬすんでしまったことによって」「兵十のおっかあが、うなぎを食べずに死んだ」……こういうことを書いているんだね。ここは、「中心人物を変えるできごと」が入るんだよね。

—主なものを板書していく。—

白石 それから、最後は、「どう変わったか」が入るんだよね。みんながどう書いているかというと、「くりや松たけを持って行く」「おかえしをする」「うたれる」「やさしくなる」「殺されてしまう」「死んでしまう」「つぐないをする」……。こういうのが多かったんだけど、どうですか、これを見て。
児童 「気持ち」が入っていない。
白石 だよねぇ。物語っていうのは、何が書いてあるのかっていうと、「中心人物の心の変化」が書いてあるんでしょ。だから、これを見てごらん。中心人物が、何かの出来事に出合って、心がどう変わったか、なんだよね。みんなが書いたのは、何が変わっている？　出来事としたことは書いてあるけど、ごんの心が書いていない。これが問題だ。
白石 ごんの心は、どう変わったんだろう。くりや松

解説
前時に児童が「ごんぎつね」を一文で書いたノートを提出させ、児童たちが描いた「一文」を、一枚の紙にまとめ、印刷しておいた。

OnePoint
「一文で書く」とは、物語の概要を、
「　　　」が
「　　　」することによって
「　　　」した話
という一文で表す方法である。中心人物の変容について表すもので、
「(中心人物)」が
「(変容の原因)」することによって
「(変容後の中心人物」した話が、当てはまる。

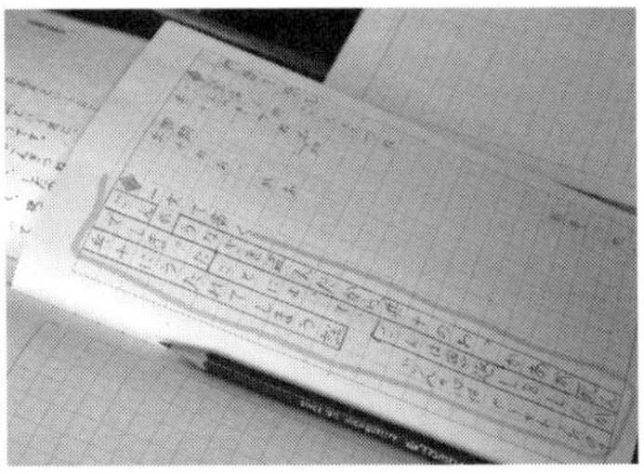

たけを持って行くことじゃないよな。「おかえしをする」「うたれる」「やさしくなる」「殺されてしまう」「死んでしまう」「つぐないをする」…… 。心が変わっているかな？

白石　もう一つ、不思議なことがあるんだ。「殺されてしまう」「死んでしまう」っていう人がいるんだけど、「ごんは、死んでしまうのかな？」

児童　わかんない。

児童　ごんはうたれちゃったけど、兵十が「ごん、お前だったのか」って言ったときに「うなずいた」って書いてあるから、死んでいないかもしれない。

白石　「死んだ」って書いた人は、どうしてそう書いたの？

―ざわめく児童―

白石　さっき、○○さんが、おもしろいことを言ってたよね。お話の最後を見てごらん。

白石　（音読する）「兵十は、火なわじゅうを、ばたりと取り落としました。青いけむりが、まだつつ口から細く出ていました。」

白石　その前も読むよ。「『ごん、お前だったのか、いつもくりをくれたのは。』ごんはぐったりと目をつぶったまま、……死んでしまいました。」って書いてあるか？

児童たち　（笑）

児童　生きてる！

白石　生きているよなあ。

―（板書）ごんはぐったりと目をつぶったまま、うなずきました。―

白石　実は、おかしいところがもう一つあるんだ。これを見て。

―板書した一文の、「～をしたことによって」の部分を示す。―

白石　（板書を読む）「兵十のおっかあが食べたかったうなぎをぬすんでしまったことによって」って

解説

これは子どもたちにかぎったことではないが、「ごんぎつね」の物語について、「兵十のおっかあは、ごんのいたずらのせいで死んでしまった」ととらえてしまっているケースが少なくない。今回の授業では、その思い込みと、実際に書かれている「事実」との食い違いに気付かせることによって子どもの中に「ズレ」を生じさせ、解決すべき課題とすることを狙っている。

解説

「ごんぎつね」の授業では、「ごんは死んだのか、死んでいないのか」が議論されるケースもあるが、「事実」にもとづいて読んでいくと、「それを決定できる材料はない」と言わざるを得ない。したがって、その問題を授業の中で大きく扱う必要はない。ただし、「事実かどうか」「書かれているか、いないか」といった部分に目を向けさせる素材としては、ちょうどいいだろう。

言ってたよね。でも……

―（板書）兵十のおっかあは、うなぎを食べられなかったから、死んだの？―

―児童たちがざわめく。―

白石　だって、みんなの一文は、そうなっていたよ。ごんがいたずらをしたから、おっかあが死んだんだって。

児童たち　（笑）

白石　だって、書いていたじゃない。いっぱい書いてるよ。そうやって。

児童　ほんとだ。

白石　本当にそれでいいのかな？

児童　おっかあが死んだのは本当だけど、ごんがいたずらをして死んだっていうのは、書いていない。

白石　ごんがいたずらをしたのが原因で死んだんじゃないということ？

児童　病気とか。

白石　ああ。そういうことも考えられるか。

児童　48ページに……。

白石　48ページ、開いてごらん。

児童　ごんの言葉で、「うなぎを食べたいと言ったにちがいない」って書いてあるから、やっぱりおっかあは、食べたがっていたんだと思う。

児童　でも、ごんは自分が悪いことをしたって思っているから、ちょっと考え過ぎちゃって、「もしかしたらうなぎが食べたいって」言いながら死んじゃったかもしれないって思ったのかもしれない。

白石　そうするとさ、みんなが書いた一文は、やっぱり何だか変だよな。

白石　まず、ごんの心がどう変わったか、書いていない。じゃあ、ごんの心は、どう変わったんだろう。

―（板書）ごんの心は、どう変わったか？―

白石　はい。自分の考えを、ノートに書いてごらん。わからない人は「？」って書いておいていいからね。それから、みんなが考えた一文は、ノー

解説

じつは「ごんぎつね」の中に、「兵十のおっかあは、うなぎが食べたいといいながら死んだ」といったことは、書かれていない。そうなんだろうな、というごんの想像にすぎない。この、「事実」と「ごんの想像」の区別が、今回の授業のカギとなる部分である。

OnePoint

発言をするときには、そう考える理由や根拠も明らかにさせる。それが、教科書（教材文）のどの記述から言えることなのかも、明らかにさせたい。

トに写さなくていいからね。時間がもったいない。そのためにプリント配ったんだから。

―1分ほど、時間をとる。―

白石 じゃあ、書けた人。
児童 最初はおもしろ半分にいたずらをしていたけど、うなぎを盗んだことを後悔したり、兵十に悪いと思うようになった。
白石 （児童の発言を板書しながら）いたずらを後悔する。
児童 あ、付け足し。
白石 はい、どうぞ。
児童 ごんも自分がひとりぼっちだったから、兵十がひとりぼっちになったときの気持ちがわかって、それでかわいそうだと思った。
白石 （板書しながら）兵十もひとりぼっち、ごんもひとりぼっち。だから……？
児童 ひとりぼっちの悲しさがわかる。
児童 最初は、いたずら心がたくさんあったけど、うなぎを兵十のおっかあに食べさせられなかったから、それで後悔して、やさしい思いやりが出ていると思う。
白石 ああ、なるほど。いたずらだったのが、思いやりをもてるようになった。なるほど。
児童 「もういたずらをしない」と思っている。
児童 ○○さんの意見と似ているんだけど、おっかあはどうして死んじゃったかはわからないけれど、うなぎを食べたいって思っていたから、それを知らないでいたからいたずらしちゃったことを後悔していて、それで、思いやりが出た。
白石 じゃあ、ごんの心は、こんなふうに変わったの？（板書の「いたずらを後かいする」「兵十も一人ぼっち、ごんも一人ぼっちだから一人ぼっちの悲しさがわかる」「いたずら→思いやり」を示す。）
児童 でも……。
白石 でも、何だ？
児童 でも、ごんは一人ぼっちだったから後悔したけれど、一人ぼっちじゃなかったら後悔しなかったかもしれない。
白石 いま、○○君が言ったことがわかる人？

OnePoint

自分の考えを書かせるとき、必ずしも自分の考えがまとまっているとは限らない。授業のどの段階での、どんな問いなのかにもよるが、無理して取り繕わずに、「?」を書かせることもあっていい。「自分はまだわからない」と意識することが、「他の子どもの意見をしっかり聞こう」という動機付けにもつながる。

解説

「ひとりぼっち」は「ごんぎつね」の重要なキーワード。ただし、子どもたちの読みは、この段階ではまだそれほど深まってはいない。

児童　ごんは一人ぼっちじゃなかったら後悔しなかったかもしれないから、そういう心の変わり方はしていないっていうこと。
児童　でも……。
白石　おお、また「でも」だな。
児童　でも、ごんは自分のことじゃなくて、兵十が一人ぼっちになってしまったことを知って後悔したんだから、もしごんが一人ぼっちじゃなくても後悔したと思う。
児童　もし、おっかあが死ななくて、ただ「うなぎが食べたい」っていっていただけなら、ごんは後悔しなかったかもしれない。
児童　ごんは、そういうことは詳しくは知らないわけだから、後悔はしてると思う。
児童　もし、兵十のおっかあのお葬式を見ていなかったら、そのままスルーしていたもん。
白石　なるほど。じゃあ、本当はごんはどう変わったのかを、これから勉強していきます。

OnePoint
いざ発言してみたら、自分の考えをうまく表現できないということは、よくあるもの。そんなときに教師が「どういうこと?」と問い詰めると萎縮してしまい、発言の意欲を失うこともある。他の子どもからの助け舟を促すとよい。

OnePoint
議論の方向が、少しずれてきてしまっている。しかし、あまりがんじがらめにすると、教師が想定した通りの流れしか許容されないことになり、子どもの中に自分から醸成された課題解決への意欲を阻害することにもなりかねない。注意深く見守る必要はあるが、ある程度の許容範囲はもったほうがいいだろう。

3 ごんのこだわりを考える

―「ごんの心はどう変わったのか？」と大きく板書。―

白石　実は、この物語ではくり返し述べられていることがあるんだけど、何だろう？　教科書を見て探してごらん。
児童　先生、「くり返し」って、言葉ですか？
白石　ううん。言葉じゃなくて、くり返されていることよ。

―1 分ほど時間をとる。―

白石　どうかな？
児童　兵十の家に、くりや松たけを持って行った。
白石　くりや松たけを持って行ったんだよね。ほかに？
児童　「兵十の家のだれかが死んだんだろう。」とか、ごんの心の中のささやきが、いっぱい書かれている。
白石　いっぱい書かれているね。

児童　いたずらをして後悔しているけど、そのあとも少しいたずらをしている。

児童　付け足しです。いたずらで、最初に盗みをして後悔したんだけど、そのつぐないに、いわし屋のいわしを盗むいたずらをしている。

白石　うん。整理すると、〇〇さんが言ったように、くりや松たけを持って行ったのは、何回もあるよね。それ〇〇君は、「つぐない」って言ったね。つぐないがくり返されているね。じゃあ、つぐないはどこから始まったろう。教科書で探して、線を引いてごらん。

児童　行動からですか。

白石　そう。行動。ここから動いているぞっていうところに線を引いて。

—１分ほど時間をとる。—

白石　じゃあ、聞いていくよ。

児童　49 ページの、12 行目「そして、兵十のうちのうら口から、うちの中へいわしを投げこんで、あなへ向かってかけもどりました。」

児童　ちがう。49 ページの 8 行目の「ごんは、そのすき間に、かごの中から五、六ぴきのいわしをつかみ出して、」

白石　そこでいい？

児童　私は、3 行目の「ごんは、そのいせいのいい声のする方へ走っていきました。」

児童　そうそう。

児童　48 ページの最後の行から 49 ページの 1 行目だと思う。

児童　どこ？

児童　「ごんは、物置のそばをはなれて、向こうへ行きかけますと、どこかで、いわしを売る声がします。」っていうとこ。

白石　うーん。ごんが、ひらめいて動き出したのはどこだろう。「ごんは、物置のそばをはなれて、向こうへ行きかけますと、」っていうのは、ごんはどうしようとしたの？

児童　帰ろうとした。

児童　ごんのようすを書いているだけ。

白石　その次に、「ごんは、そのいせいのいい声のす

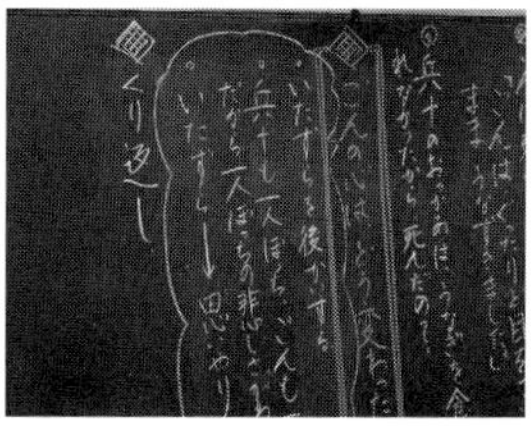

解説

うまくズレを生じさせたことによって、子どもの中に「自分が解決したい課題」が生まれているので、自然と子どもたちどうしで議論が進んでいく。

る方へ走っていきました。」って書いてあるね。どうして走り出したんだ？

児童　何かを思いついたから。

白石　そう。何か思いついたんだよね。

—（板書）「ごんは、そのいせいのいい声のする方へ走っていきました。」—

白石　そして、最初のつぐないは？

児童　いわし屋のいわしをぬすんで持っていった。

白石　そうだね。じゃあ、全部で何回、ごんはつぐないをしているんだろう。教科書を見て、つぐないをしているところに線を引いて、数えてみて。

—２分ほど時間をとる。—

白石　はい。じゃあ、となりの人と、同じところに線を引いているかどうか、比べてみて。

白石　何回あった？

児童　５回。

児童　６回！

白石　よーし。じゃあ、つぐないの１回目は、いわし屋のいわしだったよな。ノートに、これに続けて、いつ、どんなつぐないをしたか、書いていってごらん。よーく見ないと、見落としがあるかもれないから気をつけて。「いつ」っていうのも大事だからね。

—書き始める児童。—

白石　（机間巡視しながら）ごんのつぐないが、こんなにたくさんくり返されて、お話の中の大半を占めているよね。ということは、何か、大事なことなのかもしれないよ、この「つぐない」が。

—チャイム—

白石　よし、今日はそこまでにしよう。宿題にするから、明日までにちゃんと書いておいて。

解説

実は、いわし屋の声を聞くまで、ごんが「つぐないをしたい」と思っていたのかどうかはわからない。いたずらを後悔する気持ちをもっていたことだけが書かれている。このことは、このあとの学習で、詳しく触れることになる。

One Point

物語では場面を意識することが大切である。ここで「いつ」についても書くように指示したのも、そのためである。

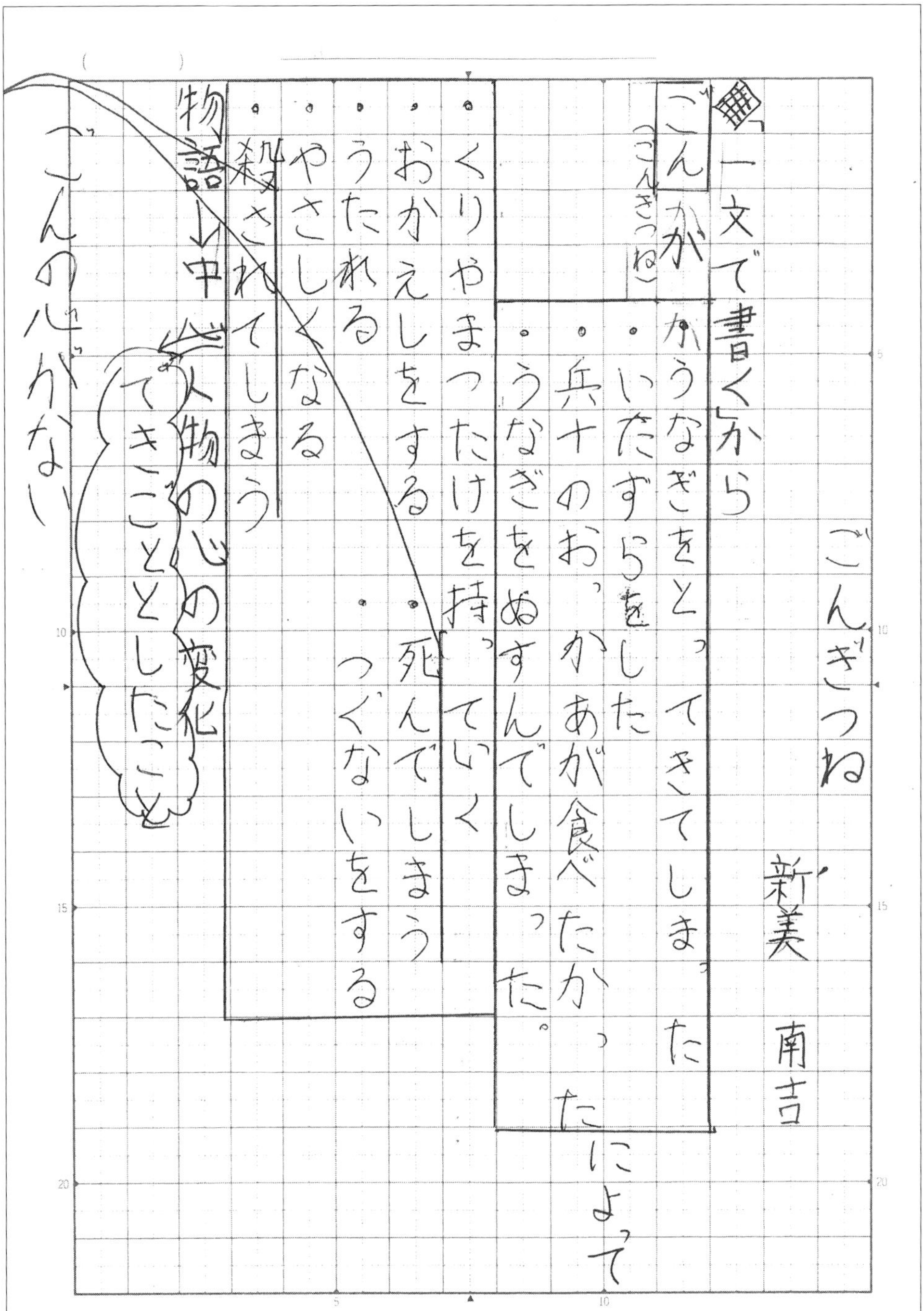

ごんぎつね

新美　南吉

一文で書くから

ごんが（ごんぎつね）うなぎをとってきてしまった

・いたずらをした
・兵十のおっかあが食べたかった
・うなぎをぬすんでしまった。

によって

・くりやまつたけを持っていく
・おかえしをする
・うたれる
・やさしくなる
・殺されてしまう
・死んでしまう
・つぐないをする

物語↓中心人物の心の変化

できごととしたこと

ごんの心がかない

ました。」

⓾兵十のおっかあは、うなぎを食べられなかったから、死んだの？

◆ごんの心は、どう変わったか？

・いたずらを後かいする。
・兵十も一人ぼっちの悲しさがわかる。
・いたずら→思いやり

◆くり返し

つぐない

ごんは、そのいせいのいい声をする方へ走った。

①いわしやのいわしをぬすんだ。

いつ何をした

②次の日に、山でくりをどっさり拾って兵十のうちへ行き、そうと物置の方へ回って、その入り口にくりを置いた。

③次の日もくりを拾っては兵十のうちへ持っていった。

④その次の日もくりを拾っては兵十のうちへ持っていった。

⑤その次の日には、くりばかりではなく、松たけも二、三本持っていった。

⑥その明る日もくりを拾って兵十のうちへでかけた。

第3時 「つぐない」を読む
―2場面の内容からその原因を読む―

1. 本時の概要

中心人物「ごん」のこだわりである「つぐない」の内容を把握させ、その原因を探っていく。

子どもの多くが、その原因を2場面のあなの中で考えたごんの言葉から「ごんのいたずらで兵十のおっかあが死んでしまった。」ととらえている。この場面を取り上げて、この内容を「事実」か「ごんが考えたこと」かを検討していき、この内容が「ごんの思い込み」であることをおさえていく。

2. 本時の学習目標

- 中心人物の「こだわり」である「つぐない」のくり返しから、「なぜ、ここまでつぐないをするのか？」という問いを考え、読みの方向を持つことができる。
- 書かれている内容を区別して「思い込み」であることを読むことができる。

導入

1 音読する

白石 昨日は、みんなが考えた一文を見てみたけど、読み間違えているところがいっぱいあったんだよな。今日は、その続きをやっていきたいと思います。

白石 ごんの、最初のつぐないは何だったっけ？

児童 49ページで、いわしを投げ込んだところ。

白石 そうだったね。じゃあ、その次、50ページの「ごんは、うなぎのつぐないに、まず一ついいことをしたとおもいました。」から音読しよう。どうぞ

―個々に「ごんぎつね」を音読―

―3分ほど時間をとる。―

One Point

今日の授業では、まず、ごんの行ったつぐないを見ていく予定。そのため、検討の対象となる内容の確認もかねて、音読させた。

展開

2 ごんは、いつ、どんなつぐないをしたか？

白石　今日は、ごんはどんなつぐないをしたか見ていくんだけれど、大切な言葉はこれだね。

―黒板に短冊を掲示「ごんは、うなぎのつぐないに、まず一つ、いいことをしたと思いました。」―

白石　これは、どんな「いいこと」をしたの？

児童　ごんは、兵十がおっかあのためにとっていたうなぎを……。

白石　ストップ。いま先生が聞いたのは、ごんは、うなぎのつぐないに、いいことをしたというんだけど、どんなつぐないをしたのか、ということだよ。

児童　いわしをあげた。

白石　（板書しながら）「いわしを、ぬすんで、あげた。」

白石　みんなは、このあとごんは、どんなつぐないをしたのか、ノートに書いたよね。じゃあ、次は、いつどんなことをしたのか、言ってみて。

児童　50ページの……。

白石　おっ、いい言い方だなぁ。

児童　次の日には、くりをあげた。

白石　（その場で短冊を書いて掲示する。）「次の日には、ごんは、山でくりをどっさり拾って、……」

白石　ここで何を発見するの？　何に気がつくの？

児童　ごんが、いわしを兵十の家に放り込んだことによって、兵十がぬすびととまちがえられて、いわし屋にぶんなぐられたこと。

白石　兵十の顔のきずに気がついて、「ああ、しまった」と思うんだよな。じゃあ、次。どんどんいきましょう。

児童　松たけを二、三本持って行った。

白石　そういう言い方じゃないよね。先生は、話し方を言いましたよ。「いつ」「どんなことを」という言い方で説明してください。

児童　2回目のつぐないの次の日に、くりを持っていった。

OnePoint

発問の趣旨を取り違える子ども、勘違いする子どもはめずらしくない。強く注意する必要はないが、発問など、相手の話はきちんと聞くよう、うながしたい。

OnePoint

ここでも、発問の際に指定した答え方をしないケースが見られた。解答のしかたの条件を理解することは、大切な力の一つである。単なる「注意不足」で片付けてしまうのではなく、きちんと注意したい。

白石　教科書のどこ？
児童　51ページの「次の日も、その次の日も……」。
白石　みんなも同じ。
児童　同じ。
白石　(短冊を書いて掲示する。)「次の日も、その次の日も、ごんは、くりを拾っては、兵十のうちへ持ってきてやりました。」
白石　次は？
児童　今のところに続いて、「その次の日には、……」。
白石　おお。(短冊を書いて掲示する)「その次の日には、くりばかりでなく、松たけも二、三本持っていきました。」
白石　ここまで見てみよう。ごんはまず、いわしをぬすんだ。そして山でどっさり拾った、次の日も、その次の日もくりを拾った。その次の日には、くりばかりでなく松たけも持ってきたんだね。これでおしまい。
児童　まだある。55ページの「そのあくる日も、…」。
白石　(短冊を書いて掲示する)「その明くる日も、ごんは、くりを持って、兵十のうちへ出かけました。」
白石　これでＯＫか？
児童たち　はい。
白石　つぐないはこうだよね。でも一箇所、ちょっと変なところがある。「その次の日には……」っていうのと、「その明くる日」っていうのは、つながった日なの？　「明くる日」っていつなの？
児童　くりと松たけを持って行った次の日じゃなくて、加助と兵十がお念仏に行った日の、次の日。
白石　そうだね。４場面の「月のいいばん」の次の日だね。このばんにごんは、ふたりについて行ったんだよね。何をしについていったの？
児童　話を聞くため。
白石　もうちょっと詳しく言って。
児童　兵十と加助の話を聞くため。
白石　そうだ。で、結果はどうだったの？
児童　くりなんかを持って行っているのは、神様だと勘違いされた。
白石　そうだね。５の場面の最後を見てごらん。
白石　(短冊を書いて掲示する。)「おれが、くりや松た

One Point

ごんの「つぐない」については、次時以降も使うことがわかっているので、短冊にした。短冊は授業前に用意しておくイメージがあるだろうが、このように用紙(マグネットも貼り付けてある) さえ用意しておけば、授業中に書くことも可能。板書するのと変わらないので、準備時間を短縮できる。このようにして負担を小さくし、その分を教材研究などに振り向けたい。

解説

つぐないについて「いつ」を強調したのは、兵十と加助の話を聞いて「割に合わない」と思ったのに、そのすぐ翌日にも、くりなどを届けに行ったという、ごんの気持ちの強さに気付かせるためである。

けを持っていってやるのに、そのおれにはお礼を言わないで、神様にお礼を言うんじゃ、おれは、引き合わないなあ。」

白石　これはつぐないじゃないけれど、こんなにつぐないをしているのに「引き合わないなあ」と思ったのに、その明くる日にも、またごんは行ったんだよ。じゃあ……。

3 ごんは、なぜつぐないをしたのか？

―板書「なぜ、ごんは、こんなにつぐないをするの？」―

白石　なんで、ごんはこんなにつぐないをしたんだろう。いったんは「引き合わないなあ」っていう気持ちになったんだよ。それにもかかわらず、また次の日にも行ったということは、何かものすごく強いものがあるんだよね。

児童　ごんは、自分がうなぎを盗んだことによって、兵十のおっかあがうなぎを食べたいと思っていたのに、死んじゃったから、兵十に悪いなぁという気持ち。

白石　自分のせいで、兵十のおっかあが死んだ。うなぎが食べられなかった。だから、これだけのつぐないをした。こういうこと？

児童　自分で勘違いしちゃって……。

白石　勘違い？

児童　うなぎを盗んだのは悪いことなんだけど、昨日も言ったみたいに、兵十のおっかあが、本当にうなぎが食べられなかったから死んだり、食べたくて死んだのかわからないし、もしかしたら兵十が自分が食べたくてとろうとしたり、売ろうとしてとっていたかもしれないし、もしかしたら本当におっかあが食べたがっていたのかもしれないけど、ごんは勘違いしている。

白石　勘違いしている……。

児童　自分も相当悪いことをしたなって思っているから、引き合わないなって思うけど、ずっとやっていたら、最後は自分だっていうことをわかってもらえるかもしれないから、持っていった。

解説

この段階では、まだ多くの子どもたちが、「兵十のおっかあは、うなぎが食べたいと言いながら死んだ」ことに対するつぐないだと考えている。前時に、「兵十のおっかあは本当にうなぎを食べたいと言いながら死んだかどうかはわからない」ということをやっているが、なかなかそのイメージから抜け出せない子どもが多いようである。

解説

「勘違い」というキーワードが出てきた。この言葉は、これから授業を進めて行く上で重要である。今回は子どもから「勘違い」という言葉が出てきたのでそれを使ったが、もちろん「思い込み」でも「想像」でも構わない。

白石　ちょっと待って。さっき○○君は、「ごんは勘違いをしているんだ」って言ったよね。君たちも勘違いをしたよね。

児童　うん。

白石　どんな勘違いをした？　ごんが兵十のおっかあを、死なせてしまった……と勘違いしていた。それから？

白石　ごんが……。

児童　死んだ。殺された。

白石　いろんな勘違いをしていたな。ごんと一緒だ。

白石　待てよ、ごんが勘違いしているとわかるところはどこだ？　さがしてごらん。

―1分ほど時間をとる。―

白石　わかった人。(挙手させる)半分ぐらいだね。じゃあ、「いわしをぬすんであげた」のより、前か、後か。

児童　前。

白石　前だよね。じゃあ、もうちょと考えてみて。

―さらに1分ほど時間をとる。―

白石　よーし。じゃあ、となりの人と、比べてみて。

白石　じゃあ、比べてみて同じだった人。(多数の児童が挙手)

白石　そうか。じゃあ、どこだった。

児童　47ページの最後の行から、48ページの7行目まで。

白石　いいですか？

児童　えー。ここはまだごんがあなの中で考えているだけで、それが勘違いかどうかはわからないんじゃ……。

白石　うん。でも、きっかけはそこにある。先生、黒板に書くから、みんなも一緒にノートに書いてみよう。さあ、長くてちょっと大変だけど、先生が早いか、君たちが早いか、競争しよう。

―板書「『兵十のおっかあは、とこについていて、うなぎが食べたいと言ったにちがいない。それで、兵十が、はりきりあみを持ち出したんだ。ところ

OnePoint
子どもの中には、恥ずかしかったり、自分の考えを誰かに伝えることが得意ではないため、発言したがらない者もいる。この授業のように、まずは隣同士の意見交換や、グループでの意見交換などを行うことで、徐々に、大勢の前でも自分の意見を発言することへの抵抗感を減らしていきたい。

解説
ごんがいるあなについて、物語の冒頭で「しだのいっぱいしげった森の中のあな」という描写がある。薄暗く、湿っている印象がある。そこで夜、ごんはひとりで兵十のおっかあの死のことを考え、後悔しているのである。

が、わしがいたずらをして、うなぎを取ってきてしまった。だから、兵十は、おっかあにうなぎを食べさせることができなかった。そのまま、おっかあは、死んじゃったにちがいない。ああ、うなぎが食べたい、うなぎが食べたいと思いながら、死んだんだろう。ちょっ、あんないたずらしなけりゃよかった。』」—

—書いたものを、全員で音読。—

児童達　そのばん……。

白石　待って。「そのばん」の「そ」から、もっとはっきり声を出して。

児童達　そのばん……。（音読）

白石　ここは、最初と最後に「　」（かぎ括弧）がついているんだけど、この「　」は何なんだろう。

児童　ごんが心の中で思っていること。

児童　47 ページの最後の行に「ごんは、あなの中で考えました」って書いてある、「考えたこと」。

白石　「考えました」ていう中身が、ここに書いてあるんだ。だから「　」がついているんですよ。「　」の役目、いいね。

OnePoint

たとえ音読の練習が目的ではなかったとしても、このように、機会をとらえては指導していくことが、音読の力を育て、やがてはプレゼンテーション能力などにも結びついていく。

4 ごんは、なぜつぐないをしたのか？

白石　ところで、○○君は、ちょっと変わったことをしていました。○○君は、「兵十のおっかあは、」から、「食べさせることができなかった。」まで、赤い線を引いちゃいました。どうしてここに赤い線を引いたんでしょう。

児童　ごんが、すごく妄想している。

児童　ごんが、すごく悪いことをしたと思っているところ。

児童　勘違いをしているところ。

児童　その後につながるところ。もしこういうことを考えなかったら そのあとの出来事につながらないから。

白石　じゃあ、ここに赤い線を引いた○○君に聞いてみよう。

児童　ごんが、兵十は、おっかあにうなぎを食べさせ

解説

「勘違い」という言葉に加えて、「妄想」という言葉も子どもたちの中から出てきた。妄想でももちろん構わないが、その意味をつかみきれない子どももいることを考慮し、このあとで「思い込み」という言葉に置き換えて示した。

るためにうなぎをとっていたわけじゃなかったかもしれないから、ごんが勝手に妄想しちゃった。

白石　ほう。なんでここで、読者が勘違いするか、わかる？

児童　「ちがいない」とか「〜したんだ」とか、強い言葉で書いてあるから。

白石　じゃあ、事実、本当だっていう文に黄色の線を、みんなは妄想って言ったけど、ごんの想像が書いてある文には赤い線を引いてみよう。ここには全部で何文ある？　まるの数を数えてみればいいんだよ。

児童　７文。

白石　そうだね。さっき、○○君が言ってくれたみたいに、文末の言葉を見ていけばいいんだね。じゃあ一つやってみよう。「兵十のおっかあは、とこについていて、うなぎが食べたいと言ったにちがいない。」これは事実？

児童　事実じゃない。

白石　どうして？

児童　「ちがいない。」と、ごんが思っているから。

白石　そうだね。これは事実じゃない。じゃあ、次の「それで兵十が、はりきりあみを持ち出したんだ。」これは？

児童　事実。

白石　事実なら、黄色い線を引こう。次は「ところが、わしがいたずらをして、うなぎを取ってきてしまった。」

児童　事実。

白石　これは間違いなく、事実だな。じゃあ、続きをやってごらん。

―２分ほど時間をとる。―

白石　できた？　じゃあ、いっちゃおう。「だから兵十は、おっかあにうなぎを食べさせることができなかった。」これは？

児童　考えたこと。

白石　そうだなあ。見てないもんな。「そのまま、おっかあは死んじゃったにちがいない。」は？　「〜にちがいない」とあるね。

OnePoint

チョークの色を変える、決まった印をつけるなど視覚的な工夫を行うと、子どもたちの思考を整理しやすくなる。

解説

文末表現によって、事実、伝聞、想像などを見分けるというと、説明文をイメージしがちかもしれないが、物語においても大切なことである。

児童　想像。

白石　「ああ、うなぎが食べたい、うなぎが食べたいと思いながら死んだんだろう。」文末が「〜だろう」だから……。

児童　想像。

白石　「ちょっ、あんないたずらしなけりゃよかった。」は？

児童　事実。

白石　そうだな。自分で考えたんだもんな。えーと、「それで兵十が、はりきりあみを持ち出したんだ。」というのは、完全に事実といえるかな？

児童　想像も入ってる。

白石　そうだな。「それで」と言ってるけど、それは想像だもんな。ここは、事実と想像の両方が入っているね。

白石　(色分けした線が引かれた板書を見ながら）じゃあ、色を見てごらん。

児童　赤がたくさんある。

白石　ということは。

児童　ごんが考えたことがたくさんある。

白石　そうだね。こういう言葉がいいんじゃないかな。「思い込む」。ごんは、自分のせいだと思い込んでしまう。これがきっかけになっているんだね。「ああ、自分のせいだ、自分のせいだ」と、自分を責めている。あれ、ちょっと待てよ。ごんがこんなにつぐないをしなければならないという理由は……？　あなの中で考えた事実には出てこないよな。でも、これだけつぐないをするんだから、ものすごく強い気持ちがあるはずだよね。

児童　48ページでごんは「おれと同じ、ひとりぼっちの兵十か。」って言っていて、「ひとりぼっち」にしちゃったという気持ちが強いと思う。

白石　どうもその辺に、何かありそうだな。

児童　ごんは、じぶんもひとりぼっちというのが好きじゃなかったら、兵十もおなじひとりぼっちになってしまったということが、つぐないの原因になっていると思う。

白石　どうもそのあたりだね。何番の場面？

児童　３場面。

白石　どうしてこんなにつぐないをしなきゃならなかったのかという原因を、次の時間に考えます。

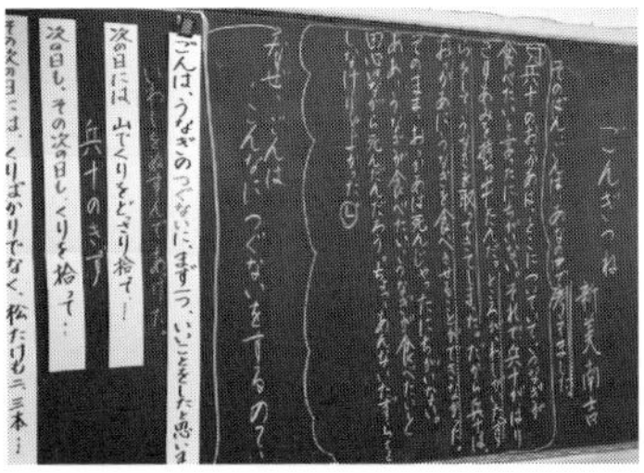

解説

はりきりあみをを持ち出したことについては、「持ち出した」ことは事実だが、「それで」の部分が「おっかあがうなぎを食べたいと言った」ことを示しているので、この部分は想像である。したがってこの一文には、事実の部分と想像の部分の両方が含まれている。

解説

ごんはどうしてこれほどつぐないにこだわるのかを次時に考えていく。それは、ごんの心を解き明かしていくことにもつながる。

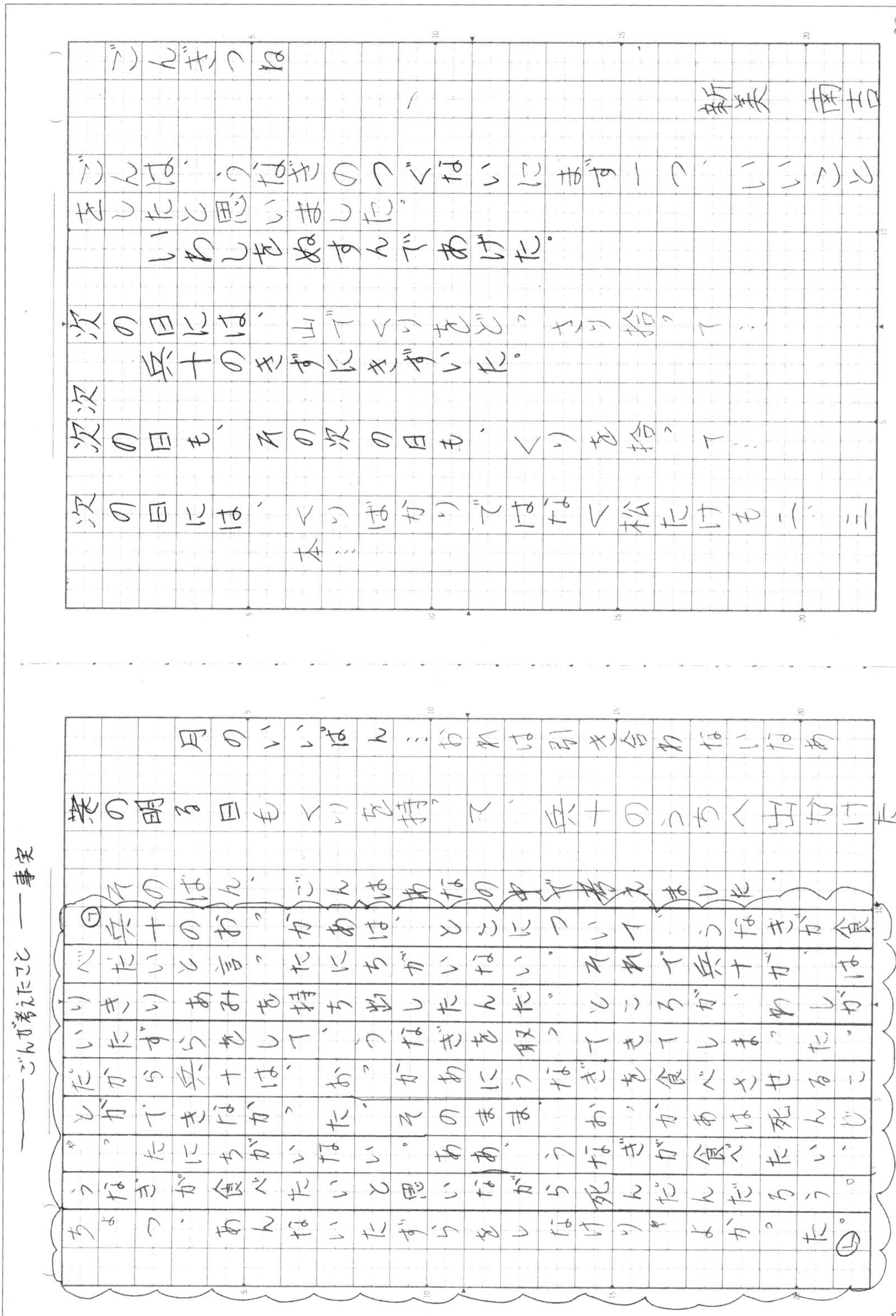

ごんぎつね

新美南吉

ごんは、ぼくのつぐないにまず一つ、いいことをしたと思いました。
いわしをぬすんであげた。

次の日には、山でくりをどっさり拾って…
兵十のきずにきずいた。
次次
次の日も、その次の日も、くりを拾って…
次の日には、くりばかりではなく松たけも二、三本…

月のいいばん…

その明る日もくりを持って、兵十のうちへ出かけた。

そのばん、ごんはあなの中でねました。

①兵十のおっかあは、とこについていて、うなぎが食べたいといった。それで兵十が、はりきりあみを持ち出したんだ。ところが、わしがいたずらをして、うなぎを取ってしまった。だから兵十は、おっかあにうなぎを食べさせることができなかった。

——ごんが考えたこと —— 事実

10月23日(金)

ごんぎつね

新美南吉

つぐない

①ごんは、うなぎのつぐないに、ますいいことをしたと思いました。

いわしをぬすんで、あげた。

②次の日には、山でくりをどっさり拾って…。

兵十のきず

③次の日もその次の日も、くりを拾って…

④その次の日には、くりばかりでなく松たけも三本…

⑤その明くる日も、くりをもって、兵十のうちへ出かけた。

(29)

なぜこんなにつぐないをするのか？

兵十がおっかあのためにとったうなぎをぬすんでしまったことをとてもはんせいしているから。

10月23日

(30)

そのばん、ごんは、あなの中で考えました。

①兵十のおっかあは、とこについて、うなぎを食べたいと言ったにちがいない。②それで兵十が、はりきりあみを持ち出したんだ。ところが、わしがいたずらをして、うなぎを取ってきてしまった。だから兵十は、おっかあにうなぎを食べさせることができなかった。そのまま、おっかあは死んじやったにちがいない。ああ、うなぎが食べたい、うなぎが食べたいと思いながら死んだんだろう。ちょっ、あんないたずらをしなけりゃよかった。②

文末のことば

事実

ごんが考えたこと

ごんが思い込む。

第4時 「つぐない」を読む
—3場面の内容からその原因を読む—

1．本時の概要

3場面の最初の部分「赤い井戸の所で麦をといでいる兵十の姿をみる」ごんの心の動きをとらえて、ごんの心の変容を読んでいく。

「こちらの物置の後ろから見ていたごんは～」と「ごんは、物置のそばをはなれて、向こうへ行きかけますと～」の「こちら」と「向こう」の関係から、ごんが行った方向を検討していく。ここから、ごんが兵十に寄り添っていく心の動きを「おれと同じ、ひとりぼっちの兵十か。」から読んでいく。

2．本時の学習目標

- ひとりぼっちになった兵十の姿を見るごんの心の動きを、図に表現することによって読むことができる。
- 「こちらの物置の～」と「向こうへ～」の言葉の関係から、兵十に寄り添うごんの心の動きを読むことができる。

導入

1 音読する

白石 今日は、2場面と3場面を読むよ。全員、起立！読み終わった人から座ってください。はい、どうぞ。

—全員起立して音読。—

—その間に、前時に作った「ごんのつぐない」の短冊を黒板の左端に掲示。その横に「ごんはなぜ、こんなにもつぐないをしたの？」という問いを板書。—

—4～5分かかり、全員が読み終わる。—

OnePoint

いつも通り音読からのスタートだが、この日は読む範囲を指定した上で全員起立させ、読み終わった者から着席させるスタイル。音読というと、ゆっくり丁寧に読むというイメージもあるが、ときには「早く読む」練習も必要。ただし、時間がかかった子どもを注意したりはしない。

展開

2 なぜごんの思いは強まったのか

白石　前の時間に、ごんのつぐないが、こんなにもくり返されていること、「引き合わないなあ」なんて言っていても、また兵十のうちに持っていく。どうしてこんなにもつぐないをするのかということを考えました。

白石　まず、そのきっかけは、何だった？

児童　ごんが、兵十がとったうなぎをとってしまって、それで兵十のおっかあを殺してしまった。

児童　殺してないよ。

白石　そこは一番大事なところだよな。

児童　ごんが自分で、「兵十がおっかあのためにとったうなぎを盗んだから、おっかあが死んでしまった」と思ったから。

児童　ごんのいたずらで兵十のおっかあが死んだと、ごんが思ったこと。

白石　ただ「思った」じゃなくて……。

児童　思い込み　。

白石　そう。思い込んだんだな。その思い込みは、「いたずらで、兵十のおっかあが死んだ」ということを、あなの中だったんだけど考えたんだな。

白石　きっかけはこれだったんだけど、これだけで、こんなにつぐないをくり返すほど、思いが強くなるかな。もっと何か原因がありそうな気がするんだけど。

児童　自分がひとりぼっちだったから。

児童　自分が兵十をひとりぼっちにしちゃって、自分もひとりぼっちだから、悪いことをしちゃったっていう気持ちが強くなった。

白石　ちょっとまてよ。いまなんかすごい意見が出たよ。「自分もひとりぼっち。兵十もひとりぼっち。」ということだね。ごんがひとりぼっちっていうことは、どこからわかる？　さがしてごらん。わかるところに線を引いてごらん。

白石　○○君、どこかわかった？

児童　48ページの……。

児童　違う。もっと前にある。

OnePoint

前時の振り返りは、教師が一方的に振り返るのではなく、子どもに振り返らせたほうが、どの程度覚えているか、正しく理解できていたかを確認することができる。前時にやったはずのことがすっぽり抜け落ちてしまっていることはよくあるし、実際、この日もそうだった。

解説

本時では、いよいよごんの強い思いに深く入っていくので、「〜思った」と「〜思い込んだ」の違いは、しっかりとおさえておきたい。

白石　もっと前？　どこ？
児童　40ページの7行目。
白石　じゃあ、読んでみて。
児童　「ごんは、ひとりぼっちの小ぎつね」。
白石　そうだね。「こぎつね」の「こ」は、子供の「子」じゃないよ。「小さい」きつねだよ。その先を読んでみるね。「しだのいっぱいしげった森の中に、あなをほって住んでいました。」シダっていう植物は、暗くてジメジメしたところでないと生えないんですよ。そこにあなをほってひとりですんでいるんだよ。
児童　さみしい。
白石　そう。さみしいよな。だからいたずらをしに、出てきていたんだよ。占春園*の森の中にも木が茂っていて、薄暗いところがあるけれど、そこにはシダが生えています。ジメジメしたところって嫌だよな。そういうところにごんは住んでいるの。それでひとりぼっちときている。自分もひとりぼっち、兵十もひとりぼっちになったということなんだね。それがわかるのはどこ？
児童　3場面。
白石　そうそう。3場面だね。先生が読みますよ。

―白石が、3場面を音読。―

白石　（つぐないの短冊を示しながら）ごんが、こういうつぐないをしようと思った理由は、どうも3場面にありそうだね。3場面のどのあたりにあるかな。はい、さがして。

―1分ほど時間をとる。―

児童　「おれと同じ、ひとりぼっちの兵十か。」
白石　うーん。やっぱりそのひとことか。……じゃあ、どうしてごんはそういう気持ちになったのかを見てみましょう。

解説
ごんが孤独であることは、設定の段階から強く描かれている。ということは、それがこの物語の主題に深く関わっているということである。

解説
ごんについての設定をもう一度確認する。「子ぎつね」だとかわいらしい感じだが、「小ぎつね」だと、どこかみすぼらしい感じを受ける。また、シダについては知らない子どももいるので、どんな場所に生えているかの解説も含めて、しっかり確認しておく。

＊占春園：筑波大学附属小学校に隣接し、同校の自然観察などにも利用される公園。元は水戸徳川家2代光圀の弟松平頼元の屋敷があった。

3「向こう」って、どっち？

白石　３場面の最初のところに、「兵十が、赤い井戸の処で、麦をといでいます。」とあるね。

—黒板に、兵十の家と、井戸の絵を描き、兵十のいる位置を確認する。—

白石　これが、赤い井戸。兵十はここにいます。じゃあ、ごんはどこにいる？

児童　物置の後ろ。

白石　（黒板に物置とごんを加えながら）物置があって、その後ろにごんがいるんだよな。で、ごんは、いま、兵十のほうを向いて、兵十が麦をといでいるのを見て、「おれと同じ、ひとりぼっちの兵十か。」と思ったんだね。そして、次から線を引いて。「こちらの物置の後ろから見ていたごんは、そう思いました。ごんは、物置のそばをはなれて、向うへ行きかけますと、……」ってなっているね。

白石　（黒板の絵に、矢印を書き込みながら）ここが問題なんだよ。「向こうへ行きかけますと」ってあるけど、この「向こう」って、どっちだろう。兵十のほう (A)？　それとも、兵十に向かって左（B）？　右（C）？　それとも兵十とは反対のほう（D）？　どっちだと思う？

—板書「ごんは、どっちへ行ったの？」—

白石　さあ、どっちへ行ったんだろう。ノートに同じ図をかいて、どっちへ行ったのか、考えてみてください。

—4 分ほど時間をとる。—

白石　じゃあ、となりの人と情報交換、どうぞ。

—隣どうしで、考えを話し合う。—

白石　○○さん、どう？

OnePoint

物語を読み解くとき、文章で描かれていることを実際の絵に表してみることは重要である。具現化することで、いままで見えていなかったことが見えてきたり、見えていると思っていたことが実はあやふやであったことに気が付いたりできる。

解説

前の夜にあなの中でいたずらを後悔したごんは、はじめからつぐないをするために、兵十の家を訪れたのだろうか。それにしてはくりも持っていないし、いわし屋の声を聞いて初めて、はっとした気配もある。ではなぜ、兵十の家にやってきたのか。そこには、単にものを届けるつぐない以上のものがあったのである。そのことに気付かせるために、兵十を見ていたごんの行動「向こうへ行きかけ」の「向こう」とはどちらなのかを検証させる。

児童　Dだと思います。ごんは、兵十に見つからないように、そっと遠ざかりたかった。

白石　要するに、兵十とは反対のほうに行った。

児童　私は、Aだと思います。

白石　A？

児童　A！？

白石　聞いてみよう、聞いてみよう。

児童　だって、「向こう」って書いてあるから。

児童　ぼくは、BかCだと思う。Aは、兵十のほうに近づいてしまうし、Dは、兵十から見られてしまいそうだから。

児童　ぼくも○○君と同じく、BかCだと思う。ごんは、物置の後ろにいたんだから、兵十から見えるところには行かずに、帰ろうとしたと思う。

児童　それは、あなのほうに向かったっていうこと？　でも、あながどっちにあるかは書いていないし……。

児童　それについてなんですけど、私はDだと思う。それは、49ページの11行目に、「そして、兵十のうちのうら口から、うちの中へいわしを投げこんで、あなへ向かってかけもどりました。とちゅうの坂の上でふり返ってみますと、兵十がまだ、井戸の所で麦をといでいるのが、小さく見えました。」って書いてあって、あなに向かって行くときに振り返ると兵十が見えるということは、ごんのあなの方向は兵十の家からまっすぐなDだと思う。BやCだと、振り返っても兵十は見えない。

白石　要するに、兵十に見つからないように、っていうことだな。

児童　でも、いわしを投げ込んだ後に「あなへ向かってかけもどりました。」って書いてあって、その前に「向こうへ行きかけますと」って書いてあるから、「向こう」っていうのは、あなの方向じゃないでしょ。あなは、Dの方向だから……。

白石　あながDの方向だなんて、どこにも書いてないだろ。

児童　……。

白石　あながどっちにあるのかは、どこにも書いてないよな。そこは勝手な想像でしょ。

解説

ここでも子どもたちは、物語に書かれている事実と、自分の想像とを区別できずに、さまざまな発言をする。中には「推理」に近いものもあるだろう。教師は、しばらくの間は「それは違う」といった指摘をせずに自由に発言させた後、「それは、どこに書いてあるの？　書いてないのなら、前の時間に気付いた『勝手な想像』と同じなんじゃない」と指摘し、議論の方向を作っていきたい。

児童　兵十の話をしているから、兵十のほうに行こうとして、Aのほうだと思う。
白石　ほう。おもしろい考え方、したね。
児童　えっ、それは絶対ちがう。
白石　絶対？　どうして？
児童　ごんは、物置の後ろから見てたんだから、兵十の家とは反対のDのほうに逃げていくと思う。
児童　私は、最初はBだと思ったんだけど、やっぱりDだと思うようになったんですけど、どうしてかっていうと、「向こう」っていうのと、あなに向かってかけもどったっていう方向はちがうと思います。それで、あなは、AかBかCのどれかだから……。
白石　ちょっと待って。あながAかBかCってどういうこと？　そんなこと書いてある？
白石　ちょっと待って。いろーんな議論をしているけど、このままでは明日の朝まで答えは出そうにないね。でも、真実は一つ。Aなんです。
児童たち　えーっ！
白石　Aでしかありえないの。その証拠は、教科書に書いてあります。探して！

――一斉に探し始める児童。―

白石　さっきから、ちらっちらっと見えてたんだけどな。

白石　○○さん、わかった？
児童　「向こうへ行きかけますと、どこかで、いわしを売る声がします。」って書いてあるから、兵十のほうに歩きかけたのかなあ。
白石　うっすらと気が付いているみたいだね。
児童　「向こうへ行きかけますと」って書いてあるから、兵十のほうに行きかけたんだけど、「いわしの安売りだあい。」っていう声を聞いて、いわし屋のほうに行った。
白石　うーん、おしいなあ。じゃあ、先生がこれから読んでいくから。「あれっ」っていう言葉が出てくるから注意して聞いて。「兵十は、今まで、おっかあとふたりきりで。まずしいくらしをしていたもので、おっかあが死んでしまっては、

解説
子どもたちは、ごんは兵十に見つからないように行動した――という前提で考えがちだが、実はそのことにも根拠がない。そういった思い込みを排除し、物語の中に実際に書かれている言葉に気付かせることが大切である。

解説
子どもたちの中から正解が出てくるのには相当時間がかかりそうだったので、先に正解を示した上で、その根拠となる記述を探させることにした。

もう、ひとりぼっちでした。「おれと同じ、ひとりぼっちの兵十か。」『こちらの』物置の後ろから見ていたごんは、そう思いました。ごんは、物置のそばをはなれて、『向こう』へ行きかけますと、どこかで、いわしを売る声がします。」

白石　(黒板の図に書き加えながら)「こちらの物置」の後ろにいたごんが、「向こう」に行きかけるんだよな。「こちら」に対する「向こう」って、どっちだ？　ほら、Aのほうでしょ。

白石　こちらの物置のうしろにいたごんは、「おれと同じ、ひとりぼっちの兵十か。」と思いつつ、思わず兵十のほうに寄っていったら、そこで、いわし屋の声がしたんだよね。ほらね。

児童　あー。

白石　何が、「あー」なんだ？

児童　兵十が何かやっているのを見に行ったんだけど、声が聞こえたから、いわし屋のほうに行ったんだ。

白石　問題は、どうして兵十のほうに行ったのか、ということだ。

児童　つぐないをしようとした。

白石　もうここでつぐないをしようとしたのか？

児童　ごんは、兵十に引き寄せられた。

白石　お、いい言葉が出たね。ごんは、兵十に引き寄せられたんだ。引き寄せられるのってどんなとき？　ごんは、兵十と同じ気持ちをもっていると思ったから、ついふらふらっと、引き寄せられたんだね。そして、その瞬間に……。

児童　いわし屋の声が聞こえた。

白石　そう。そして、ハッと気がついて、いわし屋のほうにいったんだ。いろいろわかってきたと思うから、「どうしてごんは、兵十のほうへ引き寄せられたのか」を、自分の文章にして、ノートにまとめなさい。

―ノートにまとめはじめる児童。―

白石　大切なのは、この「ひとりぼっち」っていうことだな。今日やったことは、とっても大切なことだよ。勝手に想像しているとわからなかったんだよな。

解説

ごんが「向こうへいきかけた」のは、必ずしもつぐないのためではないことに気付かせ、ごんの思いの強さへとつないでいきたい。

OnePoint

ここまでやってきたので、私が板書でまとめ、子どもたちにノートに写させることも可能だが、あえて「自分の言葉」でまとめさせることで、自分の考えを整理したり、振り返ったりする機会とする。

白石　こうやって見てくると、ごんは、思いが強かったから、こんなにつぐないをしたんだということがわかりました。でも、最後には？

児童　うたれた。

白石　そう。うたれちゃうんだよな。次の時間は、このうたれるところをやります。最後にやった「どうしてごんは、兵十のほうへ引き寄せられたのか」というのを書いたら、ノートを先生に提出してください。では、今日の授業は、これで終わります。

子どものノート

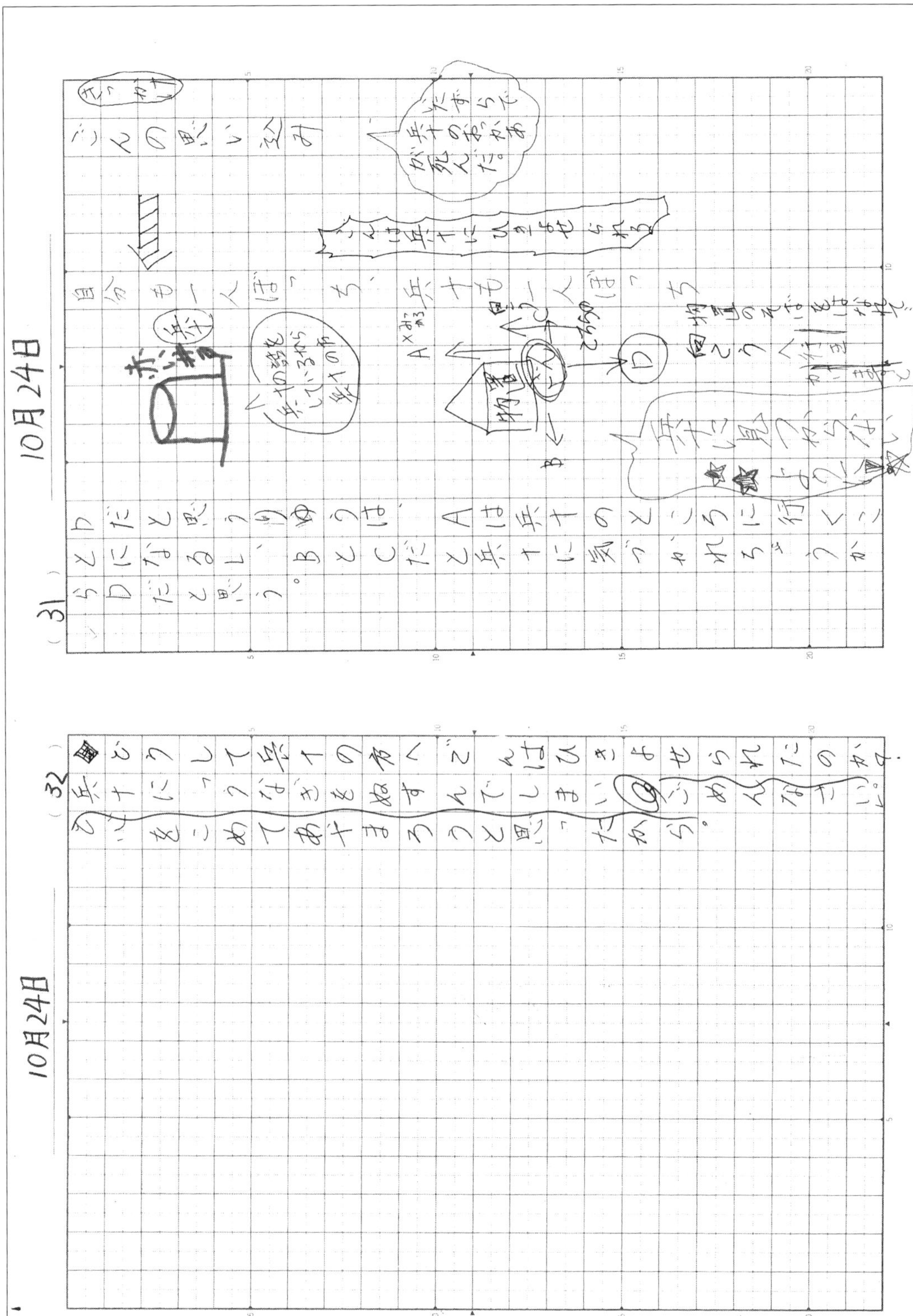

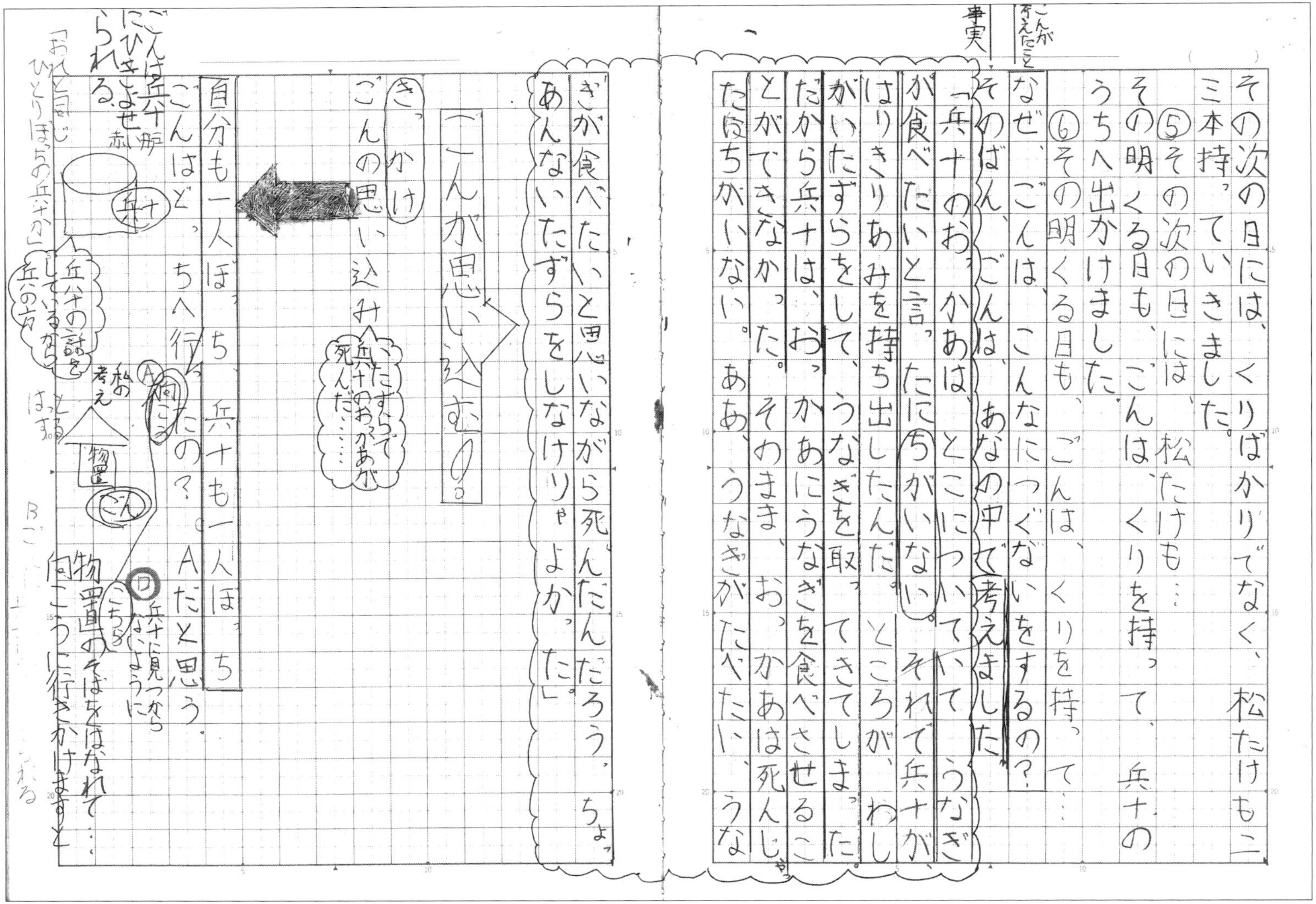

事実
ごんが考えたこと
その次の日には、くりばかりでなく、松たけも二
三本持っていきました。
⑤その次の日には、松たけも…
その明くる日も、ごんは、くりを持って、兵十の
うちへ出かけました。
⑥その明くる日も、ごんは、くりを持って…
なぜ、ごんはこんなにつぐないをするの？
そのばん、ごんは、あなの中で考えました。
「兵十のおっかあは、とこについていて、うなぎ
が食べたいと言ったにちがいない。それで兵十が、
はりきりあみを持ち出したんだ。ところが、わし
がいたずらをして、うなぎを取ってきてしまった。
だから兵十は、おっかあにうなぎを食べさせるこ
とができなかった。そのまま、おっかあは死んじゃ
ったにちがいない。ああ、うなぎが食べたい、うな
ぎが食べたいと思いながら死んだんだろう。ちょっ
あんないたずらをしなけりゃよかった。」
「ごんが思い込む！」
きっかけ
ごんの思い込み
いたずらで兵十のおっかあが死んだ……
自分も一人ぼっち　兵十も一人ぼっち
ごんはどっちへ行ったの？
Aだと思う。
ごんは兵十にひきよせられる。
赤
「おれと同じひとりぼっちの兵十か」
兵十の話をしているから兵十の方
はっとする
私の考え
A 向こう
物置
ごん
兵十
ロ こちら
兵十に見つからないように
物置のそばをはなれて…
向こうに行きかけますと

第5時 作品の山場を読む
—視点の転換から中心人物の変容を読む—

1. 本時の概要

前場面で「おれは、引き合わないなあ。」と思いながらも「その明くる日もくりをもって…」出かけていくごんの「つぐない」の心の強さをとらえ、作品の山場を読む。

この山場の場面では、ここまでの場面は「ごんの視点」で書かれていたのが「兵十の視点」に変わる。この視点の転換に気付かせ、クライマックス「ごんは、ぐったりと目をつぶったまま、うなずきました。」をとらえさせ、ごんのこれまでのつぐないと兵十に対する思いを読んでいけるようにする。

2. 本時の学習目標

- 語り手の語りが、中心人物ごんの視点から兵十の視点に変わる「視点の転換」を読むことができる。
- クライマックスをとらえて、中心人物「ごん」の変容を読むことができる。

導入

1 前時までの振り返り

白石 今日は、一番大事なところをやるんだね。今まで何をやってきたかというと、どうしてごんは、こんなにもつぐないをするのか、ということだったね。そして、赤い井戸の所でごんは、兵十につぐないをすることを思いついたんだったね。じゃあ、どんなつぐないをしたんだっけ？

—前時にも使った「ごんのつぐない」を書いた短冊を持ち出す。児童と確認しながら、順番に掲示していく。—

白石 最初は何だっけ？ 「ごんは、まず一ついいことをしたと思いました。」だね。次は？

児童 くりをどっさり。

白石 「次の日にはくりをどっさり」だな。次は？

児童 「次の日も、その次の日もくりを持っていきま

OnePoint

通常は授業の冒頭で音読を行うが、この日は扱う内容が多くなりそうだったので、音読は省略し、前時までの振り返りにたっぷり時間をとった。前時から時間が経ってしまったときなどには、こういったことも必要である。

した。」

白石　その次の日は？

児童　「くりばかりでなく、松たけも２、３本持っていきました。

―児童たちと順番を確認しながら、短冊を並べていく。―

白石　じゃあ、どうしてごんはこんなに、つぐないにこだわるんだろう。

児童　自分もひとりぼっちで、兵十もひとりぼっちだから、兵十の気持ちがわかるから。

白石　なるほど。ほかには？

児童　自分のせいで兵十のおっかあが死んだと思い込んでいるから。

白石　自分のいたずらで――と思い込んだ。そうだな。これもあるよな。

児童　自分のせいで、兵十を……。

白石　後半が聞こえません。もっとはっきり。

児童　自分のせいで、兵十をひとりぼっちにしてしまったという思い込み。

白石　そうだね。こういうことがこれまでの勉強で、わかってきたんだよな。

OnePoint

前時に使った短冊を使用する。このように、短冊を作っておくと、学習全体を通して何度も繰り返し使うことができる。また、これらを黒板の近くにおいておくと、物語の細部を読んでいるときにも、全体と結びつけて考えたり、説明したりすることがしやすくなる。

解説

いよいよ山場の読みに入っていくが、この物語は、実は中心人物であるごんの変容がとてもつかみにくい。そこで、これまでに明らかにしてきた、ごんのこだわりについて、ここでもう一度しっかり確認しておく必要があった。

展開

2「ごんぎつね」の山場を読む

白石　４と５の場面を見てみると、一番最後にこんなことを言っているんだよな。

―短冊「おれがくりや松たけを持っていってやってるのに、そのおれにはお礼を言わないで神様にお礼を言うんじゃ、おれは引き合わないなあ。」を掲示―

白石　月のいいばんに、ごんはこんな風にいっているんだよな。それなのに、ごんは何をするんだっけ？　教科書を開いて。今日は、教科書の最後の場面にいきます。

―児童たちが教科書を開く。―

白石　ごんは「おれがくりや松たけを持っていってやってるのに、おれにはお礼を言わないで神様にお礼を言うんじゃ、おれは引き合わないなあ。」と言っているから、「ああ、これでもうつぐないをやめるだろうなぁ」と思ったら、6の場面の最初で、「そのあくる日も……」と続くんだったな。

白石　じゃあ、全員起立して、6の場面を音読してください。最後まで読み終わった人から座るんだよ。はい、どうぞ。

―児童たちが起立して、それぞれ音読する。―

白石　この6場面は、物語の一番大切なところだね。決着がつくところだ。

―板書「6場面　物語の決着場面」―

白石　こういうところがとても大切なところだよね。5場面までは、きっかけやつながりを書いてきているんだよね。こういう場面を何ていうかわかる？

児童　クライマックス。

白石　クライマックスとは違うんだ。クライマックスは後で出てくるからそのときやろう。お話がだんだん流れてきて、ぐーっと、いいところにいくでしょ（物語の盛り上がりを手振りで表現する）。こういうところを何ていう？

児童　山場？

白石　そう。物語の「山場」っていうんだね。

白石　物語は、こういう図で表されるって言ったでしょ。ここまでずっと説明してきて、ぐーっと盛り上がるところが、山場っていうんだ。クライマックスっていうのは山場の中でも……。

児童　一番盛り上がるところ？

白石　うーん、盛り上がるっていうよりも、中心人物が変わるところのことなんだ。

解説

6場面の大きな特徴が、視点の転換である。ここでの音読は通常の導入での音読とは異なり、視点の転換に気付かせるための音読である。

OnePoint

山場とは、物語が盛り上がる場面である。一方クライマックスは、山場の中で中心人物がもっとも変容する1点である。いずれも物語を読むときに大切なことなので、しっかりとおさえておく必要がある。

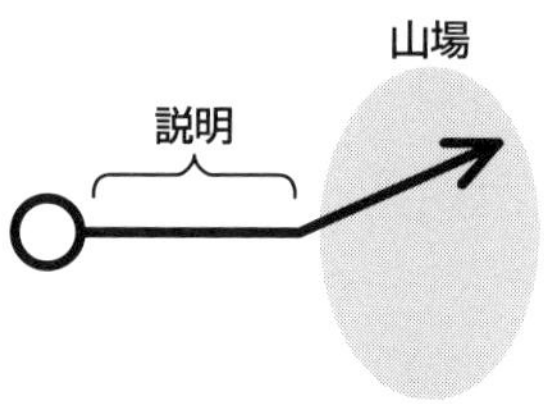

3 視点の転換を読む

白石 その山場である６場面を見ていくと、今までの場面とは違うんです。その違いに気が付くかどうか。

―６場面を書き写した模造紙を掲示する。―

白石 先生、書いてみました。今までの場面と違うんだけど、何が違うと思う？　先生、読んでみるよ。

―白石が６場面を音読。―

白石 何だか、今までの場面と違う感じがしない？
児童 合っているか、わからないんだけど……ごんが、中に入っているような気がする。
白石 何が言いたいんだろう。「中に入っている」って。
児童 ごんが兵十の家に入ったときから、兵十が中心人物になった。
白石 えっ？　ちょっと待って。中心人物が変わったの？　○○さん、そう言ったよね。これ、おもしろいね。
児童 中心人物が変わったっていうのは、最初は兵十はぬすっとぎつねだと思って撃とうとしたんだけど、くりがまとめて置いてあるのを見て気持ちが変わったから、中心人物になっていると思う。
児童 一場面から５場面までは、ごんの目線で書いてあって、６場面は兵十の目線で書いてある。
児童 最初は、兵十はごんのことを「うなぎをぬすんだわるいきつねだ」という悪い目線で見ていたけど、本当はごんはいいきつねだとわかった。
白石 じゃあ、兵十の、ごんの見方が変わったっていうこと？　ほら、変わったことがいっぱいありそうだね。
児童 ５場面まではずっとごんの目線でずっと話が進んでいたけど、６場面になって、兵十の気持ちが変わるためのきっかけみたいのが出ていると思う。

One Point

私が愛用している、模造紙サイズのポストイット。付箋に使うポストイットと同じく、何度も貼ったりはがしたりできる糊がついている。黒板はもちろん、マグネットの使えない壁などにも自由に掲示することができ、しかも簡単にはがすこともできるので、とても便利である。

解説

「ごんぎつね」の６場面での視点の転換は、ごんの変容を際立たせるためのもの。したがって、「視点が変わった」ということを、「視点」という用語とともに、子どもたちにしっかりととらえさせる必要がある。

白石　○○君は、とってもおもしろいところに気がついてるね。物語の最初からここまでは、ごんの目線で書かれていたと。そして、ここからは、目線が変わる。そういうこと？　兵十の目線になるんだ。ほうほう。じゃあ、どこから兵十の目線になってる？

児童　4行目の「兵十の」から。

白石　じゃあ、ちょっと6の場面の最初から見てみよう。

―白石、6場面を視写し、掲示した模造紙を、もう一度読んでいく。―

白石　「そのあくる日もごんは」あっ、主語はごんだな。「ごんはくりをもって兵十のうちに出かけました。」「兵十は物置でなわをなっていました。そしてごんは、そこでごんは、うちの裏口からこっそり中に入りました。」これは誰？

児童　「ごん。」

白石　「ごんだな。ちょっと待てよ、印をつけておくから。みんなも教科書に印をつけてごらん。ごんが言ったところは、赤い線を引いてみよう。（模造紙の該当箇所に赤い傍線を引いていく）。じゃあ次から兵十だね（黄色の傍線を引いていく）。どこまで？

児童　「ごんお前だったのか。いつもくりをくれたのは。」までが兵十の目線で、そのあとごんの行動が書いてあって 、そのあとは最後まで。

白石　そうだな、ここまでは兵十の目線で書いてあるんだ。そのあと、ごんの目線に少しだけもどったと。

児童　そこは兵十の気持ちが変わっている……。

白石　何？

児童　「兵十は火なわじゅうをぱったり取り落としました。」っていうところで、兵十の気持ちが変わったことがわかる。

白石　ということは、ここはまた兵十に戻るということだね。

― ごんの視点で書かれた部分と、兵十の視点で書かれた部分との色分けができあがる。―

OnePoint

教えたい用語は「視点」だが、児童たちの中から「目線」という言葉が出てきたので、しばらくは「目線」という言葉で話を進めることにした。あとで改めて、「視点」という用語を使うことをおさえる。

OnePoint

色分けをすることによって、視点の転換がよりはっきりとつかみやすくなる。このように、色分けや記号などを使うことで視覚的にとらえやすくする工夫も効果的である。

白石　ほら。ごんの目線で書かれたのはこれだけ。ほとんどが兵十の目線で書かれているんだ。ところでみんな、ちょっと言葉のことなんだけれど、「目線」っていう言葉を使っていたけれど、ほかに何か言い方を知っている人、いる？

児童　視点。

白石　そう。「視点」っていうんだ。だから、ここは「兵十の視点で書かれている」っていうんだ。

白石　もう一つ、あるんだ。これを語っているのは誰？物語には、登場人物と、もう一人いるよな。誰だろう。

児童　語り手。

白石　そう。物語には、語り手がいるんだよな。物語は、語り手が語っている。そしてこの６場面は、語り手が、最初はごんの視点で語っているけれど、ほとんどは兵十の視点で語っているんだね。

白石　１の場面から５の場面までは、ずっと「ごんは」「ごんは」「ごんは」だったでしょ。

児童　主語が全部「ごん」だった。

白石　そう。主語は、「ごん」だった。だから語り手は、ごんの立場から語ってきた。６の場面だけが変わっていた。何でここだけ、変わったんだろう。なぜここだけ兵十の立場に変わったと思う？

白石　(数人の手が挙がったが) ちょっと待って。みんな考えてみて。どうしてここだけ、視点が変わったのか。ずっとごんの視点だってよかったはずだよね。何かわけがあるはずだよね。

児童　兵十の気持ちが変わっているから、兵十の気持ちを表現するために視点も変わった。

白石　ほう。兵十も変わったっていうこと。

児童　兵十が、ごんを撃ってしまったから。

児童　兵十の気持ちがわかるように。

児童　兵十のごんへの気持ちが変わったから。

児童　ごんは、撃たれたので、気持ちが少なくなっちゃったから……。

—児童たちの意見を板書していく。—

白石　なるほど。そうすると、視点が変わったのは兵十の気持ちを強調しようとしたためらしいな。

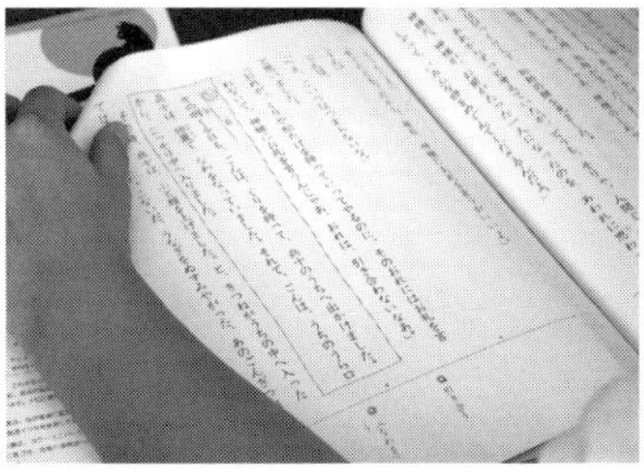

OnePoint

「語り手」という用語についてはすでに学習済みであったため、スムーズに理解できたようである。もし未習であったらしっかりと説明しておくことが必要。物語に置いて語り手は、中心人物や対人物とならんで重要な存在である。「作者」との区別もしっかりとつけておきたい。

解説

「視点が変わった」ということをおさえるだけでは、子どもたちの中に「解決したい問い」は生まれない。「どうしてここだけ視点が変わったのか」という問いを投げかけることによって、その意味を考えはじめる。

その中で何が変わったのかといえば、ごんの見方が変わったんだね。ここで初めてだよな。最初から思い出してみて。ごんをいたずらぎつねだとずっと思っていたんだけど、ここで「ごん、おまえだったのか」と、初めてごんのことに気が付いたんだね。

4 中心人物はどう変容したか

白石 あれ、待てよ。物語って、中心人物の心が変容するんだったよね。この物語の中心人物、誰だ？

児童達 ごん。

白石 ごんだよな。兵十の気持ちが変わったのはここで読めるのに、ごんの気持ちが変わったのは読めない。ごんは変わらなかったの？　ただ撃たれて死んじゃったの？

児童 ごんは、最後のときに変わったとは書いてないけど、いたずらをやめてつぐないができるやさしい心に、物語の最後になる前に変わっている。

白石 じゃあ、ごんは物語の途中で変わったの？　ごんは変わっていないんじゃない？

児童 最初は、いたずらをしてばかりのごんだったけど、 兵十にいたずらをして、つぐないを始めたところで気持ちが変わったと思う。

児童 ごんは、最初はいたずらばっかりしていて、それは気持ちじゃなくて、行動だったけど、そのあとつぐないを始めたのも行動だから、ごんが兵十に対して行動が変わったっていうことは、ごんの気持ちも変わったっていうことだから、行動でごんの気持ちがわかる。

白石 だから？

児童 ごんは気持ちが変わっている。

白石 どんな風に？　それが聞きたいんだよ。

児童 ああそうか。最初は他人のことを思えない、いたずらばっかりしている心から、他人を思いやれるちゃんとした心を持てるようになった。

白石 よく考えていると思うよ。でも……。あのさ、物語の中心人物って、あるものに「こだわり」をもっているでしょ。そのこだわりが、最後にどうなるかが、変容なんでしょ。ごんのこだわ

解説

「ごんぎつね」の中心人物は間違いなくごんだが、ごんの心情が物語の中でどのように変化したのか……ということが、実は意外に読み取りにくい。兵十につぐないをはじめることも多少の変容ではあるのだが、変容の度合いとしては小さいし、物語の前半、山場でもクライマックスでもないところで変容したことになってしまう。
ごんの変容は、兵十に撃たれた後、つぐないの主がごんであることを兵十が気付いた瞬間であることに気付かせる必要がある。

OnePoint

中心人物の変容は、中心人物が持っている「こだわり」と関連付けて考えさせるようにする。

りって、いったい、何？　この物語で、ごんがいちばんこだわっているのは何？

児童たち　……。

白石　ごんは、何にこだわっている？

―数人の児童が手を挙げる。―

白石　いま手を挙げている人は立って。順番に言っていって。

児童　つぐない。

児童　つぐない。

児童　つぐない。

児童　一人ぼっち。

児童　つぐない。

白石　「つぐない」と「一人ぼっち」。２つ出てきたよ。

児童　ごんは、兵十が一人ぼっちになってしまったからつぐないを始めたのだから、こだわっているのは、両方だと思う。

白石　ごんは、一人ぼっちになった兵十に同情して、つぐないをしてくんだよね。じゃあ、ごんは最後はどうなった？　兵十に一生懸命、つぐないをしたけれど、最後は「おれは引き合わないなぁ」ってなった？　もしそうだったら、マイナスに変化したことになるなぁ。ごんは、プラスに変わったのかな、マイナスに変わったのかな。プラスに変わったと思う人、手を挙げて。（数人が手を挙げる。）マイナスに変わったと思う人は？（やはり数人が手を挙げる。）　どうしてマイナスに変わったの？

児童　マイナスになったのかどうか、よくわからないんだけど、「引き合わないなあ」とか言って、そういうことがわかっているのにつぐないをやっちゃうこと。

白石　つぐないをやっちゃうのがマイナスなの。

児童　つぐないをすることは大切なんだけど、そういうことをされてまでつぐないをするのは、マイナスなんじゃないかな。

白石　この物語は、結局最後まで、ごんがつぐないをしていたってことを兵十が知らないまま終わるの？　わかったよねえ。「ごん、おまえだったのか。」っていう、これだよ。

OnePoint

物語とは、事件（できごと）によって、中心人物が変容するものであることや、変容の方向には＋とマイナスの２種類があることを、これまでに学習済みである。

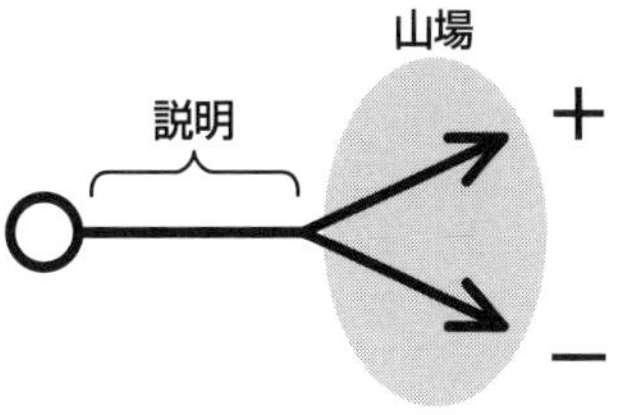

解説

クライマックスでのごんの変容について考えているのだが、その前の場面から含めて考えてしまう子どももいる。

児童　「ごん、おまえだったのか。」って言ったっていうことは、最終的に兵十はごんのことをわかってくれたと思うから……。

白石　ん？　何だって？　いま、何って言った？　もう１回言ってみて。

児童　兵十が、最後にはごんのことをわかった。

白石　（板書しながら）兵十がごんのことをわかった――物語の最後を読むと確かにそうだね。でも、それは兵十のことで、ごんのことを言っているんじゃないよ。

児童　ごんの気持ちがプラスに変わったか、マイナスに変わったかは、わからないと思う。だって、最後の６場面は兵十の行動や気持ちだし、ごんは、「引き合わないなあ」と思ったのにそのあくる日もくりや松たけを持って行ったっていうことは、まだつぐないをしようっていう気持ちがあったていうことではプラスだけど、持っていったのに撃たれたっていうことは、また「何でだよ」っていう気持ちになってマイナスに変わったかもしれないし、でも、最後は兵十にわかってもらえて、うなずいただけだったけど、心の中では、またプラスの気持ちに変わったかもしれない。でも、ごんの気持ちが書いてなから、わかんない。

白石　いま○○君は、「ごんの気持ちが書かれていないからわからない」と言ったね。本当に書かれていないかな？

白石　ここ、大事なところなんだけど、物語を読んでいくときに、人物の気持ちを想像したりするときに、「うれしくなりました」「悲しくなりました」って書いてあるのを読むことばかりが、気持ちを読むことじゃないんだ。あることを読んだら、気持ちが読めてくるんだ。

児童　一番最後の「青いけむりが、まだつつ口から細く出ていました。」

白石　そこから何がわかるの？

児童　なんとなく……悲しい気持ち。

白石　「なんとなく」じゃないんだ。「青いけむりが、まだつつ口から細く出ていました。」……ここにごんの気持ちはないでしょ。書いてあるのは、火縄銃から煙が出ていたっていうことだけだよ

OnePoint

「『気持ち』は書かれていないからわからない」という発言は、ある意味、物語の読み方としてとてもいいものである。書かれていないことを「想像」によって勝手に補ってしまうことは、国語の学習における読みとしては、大きな問題であり、イメージと感覚の読みにつながる。
ただし、物語の登場人物の心情は、必ずしも「気持ち」として書かれているわけではなく、その行動の描写によって表現されている場合もある。それを読み取るのは、イメージと感覚の読みではない。その区別はしっかりとつけておきたい。

OnePoint

「なんとなく、そう感じる」というのでは、理由をきちんと説明したことにはならない。国語の学習の読みでは。そう感じる根拠を、誰もが納得できる形で示すことができなければならない。

ね。

児童 ごんの行動に、ごんの気持ちが表れている。

白石 その通りなんです。人物の気持ちを読み取るには、人物の行動を追うんです。動きを見るんです。じゃあ、6場面のごんの動きを探してごらん。

―6場面を読み返す児童たち。―

白石 さあ、どう？

児童 「そのあくる日も、ごんは、くりを持って、兵十のうちへ出かけました。」

白石 「出かけた」ということは、つぐないをしようという気持ちが、それだけ強いということだね。それで、ずーっといって、さっきも出てきた「ごんは、ぐったりと目をつぶったまま、うなずきました。」もそうだね。ごんは、何にうなずいたんだろう。ここから、ごんのどんな気持ちが読めるか、どんな思いが読めるか。

白石 ノートに、◆をつけて「目をつぶったまま、うなずきました。」と書いて。その横に、吹き出しを書いてごらん。書けた？　そうしたら、その吹き出しの中に、この文からごんのどんな気持ちが読めるか、書いてごらん。次の時間は、そこから始めます。

解説

ごんはなぜうなずいたのか。うなずきの意味は？ これまでの学習をふまえ、次時からはいよいよ、ごんの心情をとらえていく。

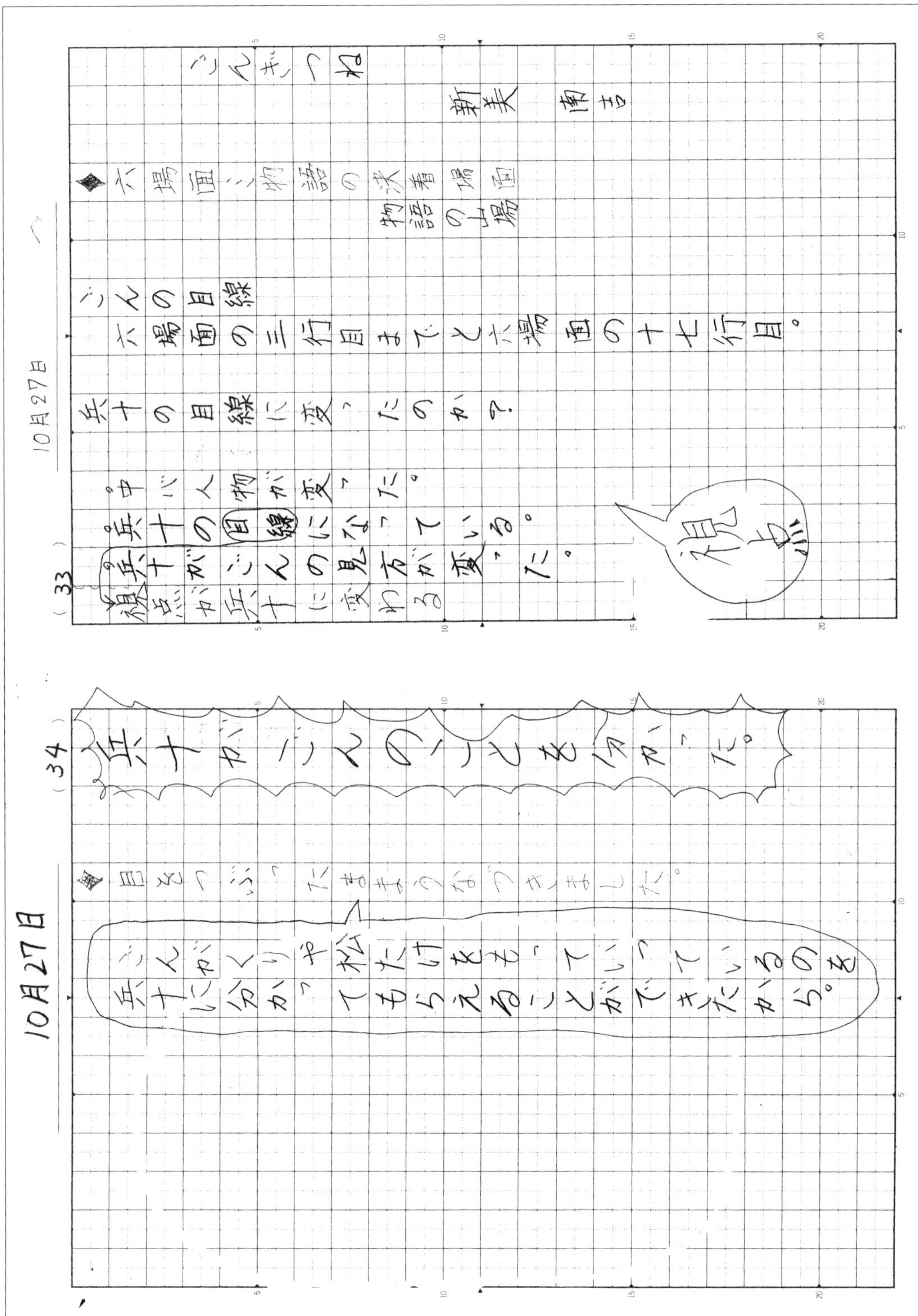
10月27日
(33)
ごんぎつね
新美　南吉
◆六場面…物語の決着場面
物語の山場
ごんの目線
六場面の三行目までと六場面の十七行目。
兵十の目線に変ったのか？
中心人物が変った。
兵十の目線になっている。
兵十がごんの見方が変った。
視点が兵十に変わる
視点

10月27日
(34)
兵十がごんのことを分かった。
◆目をつぶったままうなづきました。
ごんがくりや松たけをもっていっているのを兵十に分かってもらえることができたから。

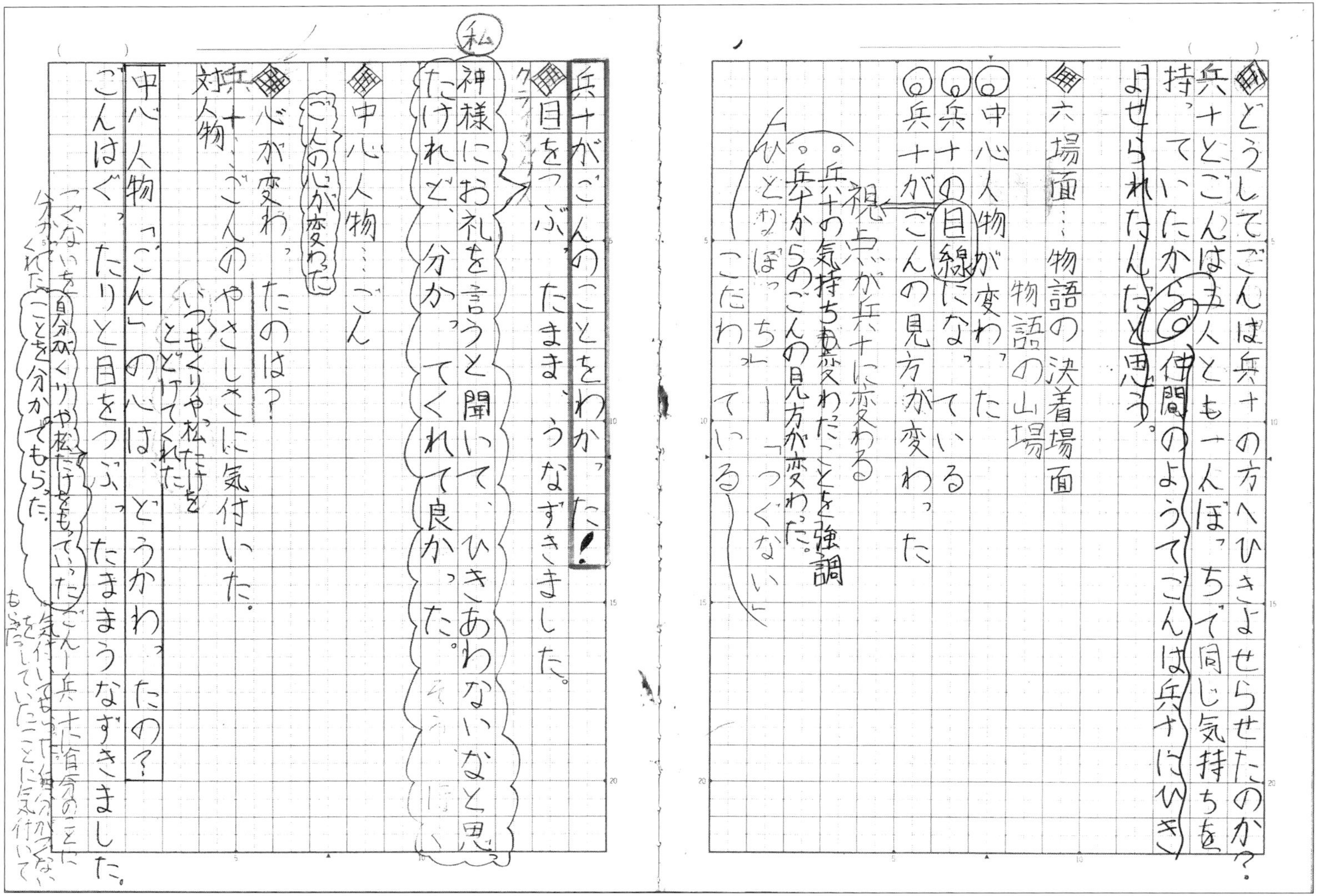

◈どうしてごんは兵十の方へひきよせらせたのか？
兵十とごんは二人とも一人ぼっちで同じ気持ちを持っていたからだ仲間のようでごんは兵十にひきよせられたんだと思う。
◈六場面…物語の決着場面
物語の山場
◎中心人物が変わった
◎兵十の目線になっている
◎兵十がごんの見方が変わった
視点が兵十に変わる
兵十の気持ちも変わったことを強調
兵十からのごんの見方が変わった。
「ひとりぼっち」ー「つぐない」
こだわっている
兵十がごんのことをわかった！
◈目をつぶったまま、うなずきました。
私
神様にお礼を言うと聞いて、ひきあわないなと思ったけれど、分かってくれて良かった。
◈中心人物…ごん
ごんの心が変わった
◈心が変わったのは？
対人物 兵十、ごんのやさしさに気付いた。
いつもくりや松たけをとどけてくれた
中心人物「ごん」の心は、どうかわったの？
ごんはぐったりと目をつぶったまま、うなずきました。
つぐないを分かってくれた
自分がくりや松たけをもっていったことを分かってもらった。

第6時 クライマックスを読む
―「うなずきました」から、ごんの心を読む―

1. 本時の概要

兵十に撃たれ「ごん、お前だったのか、いつもくりをくれたのは。」とごんのつぐないに初めて気付く兵十の思いと、撃たれたごんの「ごんは、ぐったりと目をつぶったまま、うなずきました。」というごんの様子を読んでいく。

心のすれ違いから悲劇を迎えるが、兵十にやっと気付いてもらったごんの心と兵十の心の変容をとらえやすくするために、1場面から6場面までの心の動きを心情曲線によって表す。

2. 本時の学習目標

- 二人の心のすれ違いを心情曲線からとらえさせ、やっと兵十に気付いてもらったごんの心の変容を読むことができる。
- ごんのつぐないと「うなずきました」を関連させて、中心人物ごんの変容を読むことができる。

導入

1 前時の振り返りと音読

白石 じゃあ前の時間の続きをやります。前の時間にわかったことをまとめてみるよ。この物語は、中心人物は誰？

児童たち ごん。

白石 そう。それはみんなわかっているよな。ということは、ごんの心が変わったということだよな。中心人物の心が変わるというのは、物語の基本だよね。でもこの物語で心が変わったのは誰？

児童たち 兵十。

白石 兵十だよな。兵十が、どう変わったの？　ごんの何に気が付いた？

児童 やさしさ。

白石 そう。ごんのやさしさに気が付いたんだね。じゃあ、このやさしさに、どうして気が付いたの？

児童 いつもくりや松たけを届けてくれたから。

One Point
一般的な導入では、音読→振り返りの順が多いが、本時では順番を反対にした。前時までに学習したこと、読み取ったことを意識させた上で音読したほうが、内容をつかむためにも効果が高いと考えたからである。

白石　それで、ごんのやさしさに気が付いたんだな。でも、それはわかったんだけど、肝心の中心人物、ごんの気持ちがわからないんだよな。

―板書「中心人物　ごんの心がどう変わった？」―

白石　これが一番大きなことだね。前の時間はここまでやったね。

―板書「ごんは、ぐったりと目をつぶったまま、うなずきました。」―

白石　前の時間、ここに吹き出しをつけて、ごんは何にうなずいたのか、書いてごらんって言ったんだよね。どんな言葉を書いたのか、あとで発表してもらうからね。

白石　じゃあ、６場面だけ読んでもらおう。読みたい人は？

―希望する児童を数人指名し、音読させる。―

解説

前時の最後に、ごんは何にうなずいたのかを考えさせる宿題を出した。したがって、本時はそこから始めてもよいのだが、その背景にある「ごんの心がどう変わったのか」という問いを意識させるため、前時の最後よりももう少しさかのぼって、振り返りを行った。

展開

2 ごんはなぜ、うなずいたのか

白石　ごんは、ぐったりと目をつぶったままうなずいたんだよね。何にうなずいたの？

児童　くりや松たけを持ってきたこと。

白石　いまの○○君が言っていること、わかる人、いる？

児童　ごんは、自分がくりや松たけを持ってきているっていうことに対して、うなずいている。

白石　ごんは、自分がくりや松たけを持ってきていたことをわかってもらったから、うなずいているっていうこと？　他には？

児童　ちょっと付け足しなんだけど、うなぎのつぐないに、自分がやったことをわかってくれたから、それに対して、うなずいた。

白石　つぐないをわかってくれた……、つぐないをわ

OnePoint

子どもの発言は、ときに断片的であったり、ときにきちんとした文章になっていなかったりする。だからといってそれを否定したのでは、発言に対するハードルをいたずらに上げてしまうことになる。「いま、○○さんの言ったことがわかる人いる?」とサポート者を募ることで、せっかくの発言を生かすことができる。

かってもらえたんだな、ごんの立場からしたら。

児童 兵十の「ごん、お前だったのか」っていう言葉にうなずいた。

白石 ごんは、本当は気付いてほしかったんだよな。だって、「引き合わないなあ」と思っていたのに、あくる日もくりを持ってきたんだもんな。そのことをわかってくれた……と。そういうことだね。じゃあごんは、わかってもらって、心はどう変わったとまとめることができる？　兵十はごんのやさしさに気付いたんだよね。ごんは？

児童 兵十に気付いてもらった。

児童 ごんは、兵十に自分のつぐないを気付いてもらった。

白石 いままでは全然、相手にもされなかったんだよな。

児童 ごんは兵十に、自分がつぐないをしていたことを気付いてもらえた。

白石 そうだな。（板書）自分がつぐないをしていたことを、気付いてもらった。ほら、ごんの心の変容がちゃんと見えてきた。

解説

ごんの変容は、「兵十にわかってもらえた」ということである。そのことは、「小さくうなずく」というごんの行動によって表現されている。

ただ、ここで「兵十に気付いてもらったごんは、どんな気持ちになったか?」といった問いに走るのは厳禁である。なぜなら、そういったことは物語の中にまったく書かれておらず、勝手に想像するしかないからである。「『ごんぎつね』の続きを書こう」といった授業もよく見るが、それは国語の読みとはまったく関係のない活動である。

3 「ごんぎつね」のクライマックス

白石 そうするとこの物語は、ごんが、何によって、どのようになったかっていうことが、言えるか、今度は全体を見てみるよ。

—前時で使った、６場面を視写した模造紙を掲示する。—

白石 さっきのこの６場面で一番大事なのは、「ごんは、ぐったりと目をつぶったまま、うなずきました。」だね。視点が変わっているけど、ここでごんにもどった。これが、物語の「クライマックス」なんです。前の時間に、６場面がクライマックスだと言った人がいたけど、クライマックスはそんなに広いものじゃないんです。中心人物が変わった一点、それがクライマックスなんです。「ごんは、ぐったりと目をつぶったまま、うなずきました。」ここで初めて変わったんで

OnePoint

ここまでの読みで、「ごんぎつね」の細部をおさえることができた。そこでもう一度全体にもどって、「ごんぎつね」という物語をとらえてみる。
私が提唱してきた「3 段階の読み」の第 3 段階の読みである。

しょ。何が変わったかというと、「やっとわかってもらえた」っていうことだね。クライマックスっていうのは、中心人物が変わった一点だよ。大事なところだからね。

白石　そうすると、ちょっと物語全体を見てみて。おもしろいことがわかるよ。ずっとごんの視点できたよね。なのに6場面は兵十の視点になったね。これを「視点が変わる」っていったね。視点が変わるのがなぜ大事なのかというと、変わったあとにクライマックスがくるからなんだ。物語で視点が変わったときには、そのすぐあとにクライマックスがくるんだ。兵十は中心人物じゃないよね。中心人物じゃなくて何て言う？

児童たち　……。

白石　もう忘れちゃった？　「対人物」って言ったね。対人物は、中心人物の心を変えた人です。兵十はごんの心を変えたでしょ。そこのところをしっかりとらえてね。

解説

「視点」や「クライマックス」という用語が大切なのは、単にその言葉をおぼえるためではない。「視点」「クライマックス」などを意識しながら読むと、実意識に読んでいたときにくらべて深い読みが可能になるからである。

4 心情曲線をかく

白石　じゃあ、一番最後のまとめにいくぞ。どんなまとめをするかというとね……この物語は、何場面まである？

児童たち　6場面。

白石　そうだね。（黒板に、1場面、2場面……6場面と書いていく。児童たちは、それをノートに写し始める。）……ちょっとみんな、鉛筆を置きなさい。説明してから書いてもらうから。

白石　この物語に出てくるのは、誰と誰？

児童　ごん。

白石　そう。ごんがいて、兵十がいるんだ。それで、1場面ではごんについて、どんなことが書いてある？　いたずらで……。

児童　一人ぼっち。

白石　そう。いたずらで、一人ぼっちの小ぎつねだったね。兵十はどんなことをされた？

児童　うなぎを盗まれた。

One Point

心情曲線については、この子どもたちには初出である。1～3場面あたりで見本を示し、その続きは子どもたち自身にやってもらう。
ただし、初めてのことでもあるので、無理に自力を強いるのではなく、一緒に考えながら示していくという方法でもいいだろう。実際、このクラスでも、最終的にはそのような形になった。

白石　そうだね。じゃあ、２場面は？

児童　お葬式。

白石　兵十のおっかあの葬式か。じゃあごんは？

児童　思い込む

白石　そう。思い込んだんだな。（ここまでのことを板書しながら）こんなふうに、それぞれの場面を簡単に書いてごんと兵十の心の動きを線で表してみよう。心の動きを表す図だよ。兵十の心は、ずっとまっすぐだな。でも、ごんの心は、いたずらをするときには上がらないけど、２場面で思い込んだときには、ちょっといい心になるから上がるね。じゃあ、３場面や４場面ではどうなるかなって見てみると、二人の心はずっと離れたままなんだよ。この二人の心がどこで合流するか。それをノートに書いてごらん。ノートは大きく使ってね。

児童　先生、ノートを横にして書いてもいい？

白石　いいよ。ゆったり使ってね。

―４分ほど時間をとり、それぞれノートに図を書く。―

白石　じゃあ、ちょっと見ていこうか。３場面ではどうですか？

児童　ごんは、つぐない。

白石　兵十は？

児童　一人ぼっち。

白石　そうだね。４場面は？

児童　兵十は、おねんぶつ。ごんは、引き合わないなあ。

白石　ここでもう、「引き合わない」？

児童　おねんぶつを見ていた。

白石　そうだけど、兵十と加助の後をついていったでしょ。そこが大事だよ。何のためについて行った？

児童　話を聞くため。

白石　そう。二人の話を聞くためについていったんだね。「何て言うかな」って。そして５場面はどうなる？

児童　神様がしてくれたっていうことになる。

白石　加助が「神様にお礼を言うがいい」って言って、兵十も「うん」って答えるね。じゃあここは、「神様のしわざ」だね。ごんはどうなる？

OnePoint

ここで注意したいのは、心情曲線を描くこと自体が目的ではないということである。授業の中にこういった活動を取り入れると、「心情曲線の書き方は?」「『ごんぎつね』の心情曲線としての正解は?」といった方向に行ってしまいがちだが、目的はごんと兵十の心情の変化をつかみ、クライマックスで初めてごんが兵十にわかってもらえたことを明らかにするためである。目的と手段を混同しないように注意が必要である。

児童　神様にお礼を言うんじゃ、引き合わない。

白石　「引き合わない」だね。最後の６場面は、いま勉強したね。兵十は？

児童　ごんのことがわかった。

白石　ごんは？

児童　目をつぶったままうなずいた。

白石　うなずいたことから？

児童　兵十にわかってもらった。

白石　そうだね。だいたい、それぞれの場面をまとめるとこうなるね。じゃあ、心の動きを表してみるよ。兵十は、ごんのことを……。

児童　気にしない。

白石　気にしないね。一人ぼっちになっても、気にしないね。おねんぶつのところも……。

児童　気が付かない。

白石　だから「神様のしわざだ」って思っちゃった。そして６場面で、火縄銃で撃ったあとに、ごんのことがわかったんだ。（兵十の心の動きを線で表していく。５場面まで水平。６場面で、ごんの方向に折れ曲がる。）

白石　今度はごんの心を見ていくよ。最初はいつものようにいたずらしていた（心の線は、水平）。でも葬式を見て、あなぐらの中で思い込んでしまった。反省したよな（線は、兵十の方向に少し上がる）。３場面でつぐないをしたよな。もういままでのごんとは、まったく違うね（線はさらに上がる）。その次はどうだ？　加助と兵十の話を聞くときは？

児童　わくわくしている。

白石　どんな話するかなって、わくわくするのか。じゃあ線は？

児童　上がる。

白石　上がるねえ。ずい分上がったぞ。５場面は？

児童　引き合わない。

白石　引き合わないから線は？

児童　下がる。

白石　どれくらい下がる？

児童　けっこう下がる。

児童　あーあ。

白石　そして６場面でわかってもらえたところで……。

解説

ごんと兵十の心情曲線を描いてみると、変化を見せるごんとは対照的に、兵十の心情曲線はほぼ水平を保っている。このことからも、つぐないに対するごんの思いは、ごんの妄想によるものであることがわかる。

OnePoint

心情曲線を描く際は、通常、心がプラスに変化した場合は線が上昇し、マイナスに変化した場合は下降する。「ごんぎつね」のクライマックスでは、くりなどをもってきてくれていたごんを、自分が撃ってしまったことに気付くので心情はマイナスになり、ごんは、やっと気付いてもらえたので、プラスに変化する。そのため、図に描く際に、兵十を上に、ごんを下に配置すると、心情曲線の交わりがうまく表現できる。

児童　上がる。

白石　ここでごんの心が上がって、やっと兵十の心と一緒になったね（ごんの心の線が、兵十の心の線と交わる）。

白石　ほら、最初から見てごらん。二人の心は、ずっと、かみ合うことがなかったのに、火縄銃で撃たれることで初めて、わかり合えた……わかってもらえた、だな。

白石　じゃあ、みんなこの図をノートに書いておいてね。心の動きを線で表したものを、「心情曲線」っていいます。物語を読むときには大切ですよ。

白石　この図を見ると、ごんの心がずい分揺れ動いていることがわかるね。でも、兵十の心はずっと変わらないよ。ごんのことを気が付かないんだな。

白石　「ごんぎつね」の勉強を始めたときに、この物語を一文で書いたよな。次の時間に、もう一度、「ごんぎつね」を一文で書いて、このお話の勉強をおしまいにします。最初のときに書いた一文をちょっと読んでみて。どう？

児童　どんな話か、まったくわからない。

児童　この「ごんぎつね」を一文で書いたんじゃなくて、違う話を書いたみたい。

白石　「ごんぎつね」を知らない人にその一文を見せたら……。

児童　まったく違う話を想像しちゃいそう。

白石　じゃあ、今度書く一文は、絶対に伝えられるな。ははは。大丈夫か？　自信もっている人、手を挙げて！

—数人が、おずおずと手をあげる。—

児童　すげえ。

白石　すげえ？　ははは。楽しみだな。

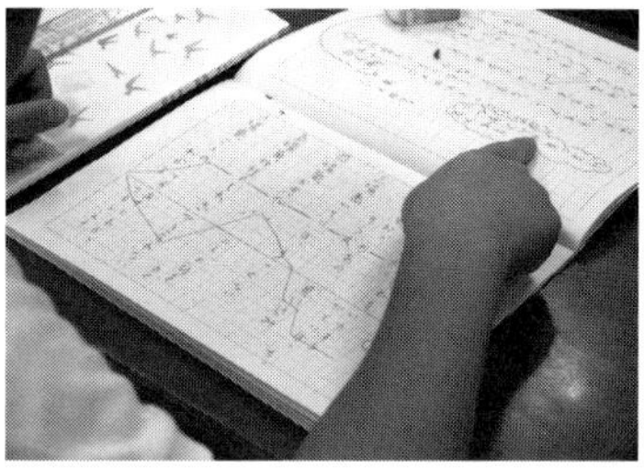

解説

単元の冒頭で自分たちが書いた「一文」が、「ごんぎつね」の物語を表すことができていなかったことに気付いただけでも、大きな収穫である。もちろん、「違っている」ことに気付いたと言うことは、「どう書くべきだったか」もわかったということなのだが……。

子どものノート

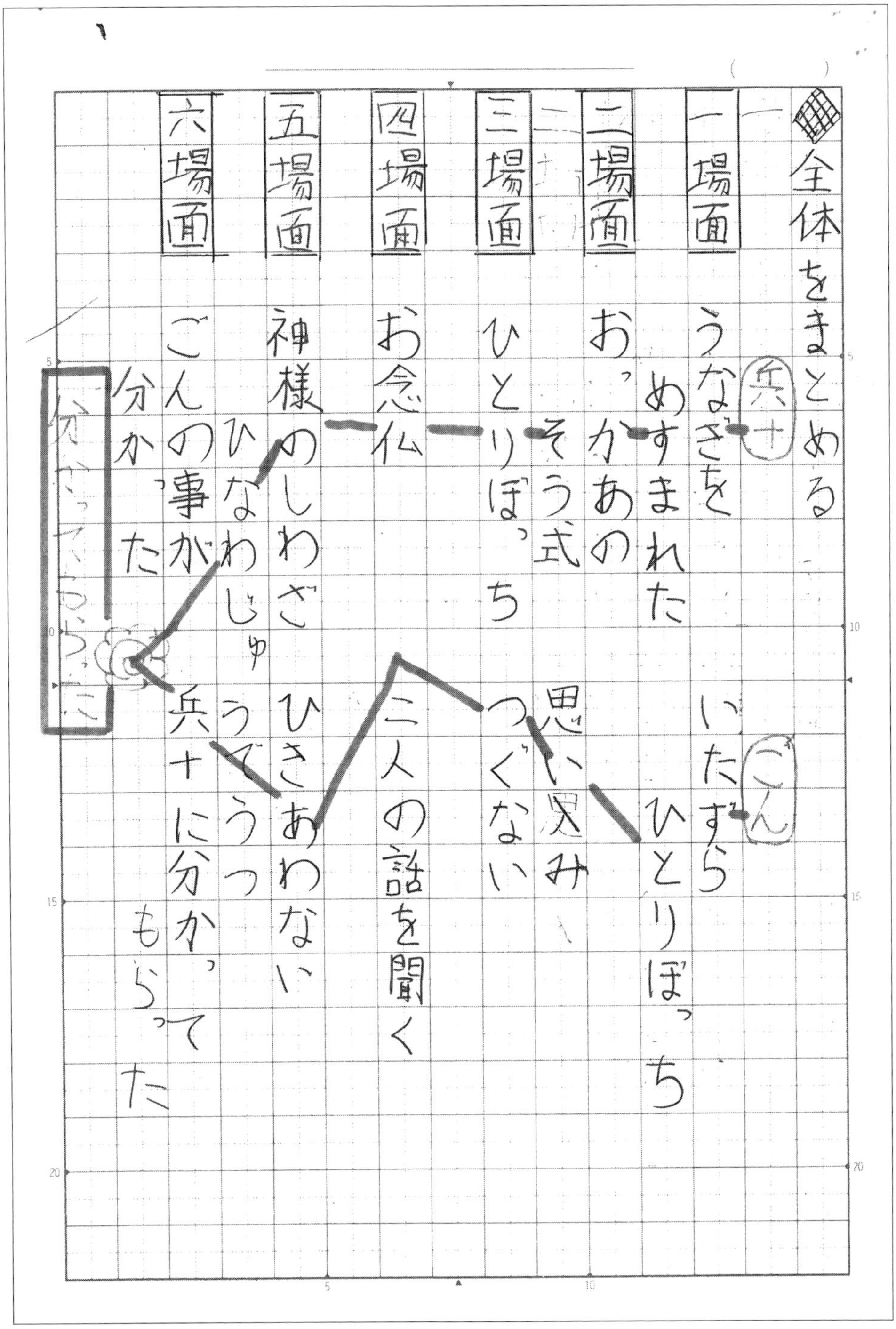

◇全体をまとめる

一場面　兵十　うなぎをめすまれた　ごん　いたずらひとりぼっち

二場面　おっかあのそう式　思い込み

三場面　ひとりぼっち　つぐない

四場面　お念仏　二人の話を聞く

五場面　神様のしわざ　ひきあわない

ひなわじゅうでうつ

六場面　ごんの事が兵十に分かってもらった

分かった

第7時 作品のテーマに迫る
―「一文で書く」を通して、作品のテーマを読む―

1. 本時の概要

これまでの学習での読みをまとめるために「一文で書く」活動をし、中心人物の心の変容をとらえた読みをさせていく。

一文でまとめる活動においては、読みが深まっている分、細かいところまで表現してしまうができるだけ短くまとめさせていく。そして、短くまとめた文を、さらに肉付けさせることでその内容を深めさせていくとともに、子ども一人一人の読みを広げさせていく。最後は、この作品にサブタイトルを考えさせることで作品のテーマに迫らせる。

2. 本時の学習目標

- 中心人物の心の変容をとらえて、作品の読みを「一文で書く」活動で自分の読みをまとめることができる。
- 作品にサブテーマをつけることから、作品のテーマを考えることができる。

導入

1 前時までの振り返りと音読

白石 「ごんぎつね」の勉強も、いよいよ最後の時間になりました。この間は最後の場面を読んで勉強したんだけど、新しい言葉を勉強したよね。何を勉強した？　もう忘れちゃった？

児童 視点。

白石 視点、勉強したね。

児童 クライマックス。

児童 山場。

白石 そうだね。山場の中に、クライマックスがあるんだね。

白石 この物語は、今まで読んだ物語と違って、視点が途中で変わっていたんだよね。視点て、どんなもの？

児童 目線。

白石 目線、いい言葉だね。目線が変わったんだね。

児童 物語の中で、誰がそう思ったかっていうこと。

One Point

この単元の最後の時間なので、学習した内容をもう一度振り返っておく。一度学習したからと言って、そのまま覚えているとは限らない。何を学習したのか、その項目をおさえておくだけでも、しっかりと印象に残るようになる。

白石　誰がそれを言うの？　そこまで言ってほしいな。

児童　語り手。

白石　語り手が、誰の気持ちで語っているかが視点だね。それが途中で変わることを､視点が変わるって言うんだね。大事な言葉だね。

白石　じゃあ、クライマックスって、大事な役目をしていたけど、どんな役目をしていた？

児童　……。

白石　私の聞き方がまずかった。ごめん。視点が変わるって、どんなはたらきがあるの？　なんで視点が変わるの？

児童　中心人物の心が変わるから。

白石　だから？　視点が変わったあとに何がくるの？

児童　クライマックス。

白石　そうだね。視点が変わったすぐあとに、クライマックスがくるんだったね。それを忘れないようにしてください。じゃあ、今日は最後だから、最初から読んでいくよ。教科書を開いて。今日は誰からだった？

—「ごんぎつね」を分担読み、一斉読み、教師による読みなどを組み合わせて音読する。—

OnePoint

こちらのたずね方が悪いと、子どもが答えにくいことがある。そんなときはためらうことなく、たずね方を変えたほうがいい。逆に言えば、問いを発するときには、問われた側がどうとらえ、どう考えるのかを、問われた側の立場に立って、確かめるのが大切だということでもある。

展開

2 もう一度、一文で書く

白石　「ごんぎつね」の勉強の最後に　もう一度、この物語を一文で書いてもらおうと思います。もう最初みたいな一文は書かないと思います。じゃあ、書いてください。

—児童がそれぞれノートに、「ごんぎつね」を一文で書き始める。—

—机間巡視をしながら、「文は短く」「全体を３行でおさめるように」「あまり細かく書かない」などの注意をする。—

解説

物語を一文で書くためには、「中心人物」「変容のきっかけ」「どう変容したか」の３つがとらえられていなければならない。低学年では設定をとらえることができたかどうかの確認に用いることがあるが、中学年以上では読みのまとめとして用いることも多い。

白石　(児童たちが、なかなか書けない様子なのを見て) 一文で書く (□ が、 □ することによって、 □ になる話) とき、最初の □ に入るのは、中心人物だよね。2番目の □ には、中心人物が変わった大きな事件が入るんだよ。「ごんぎつね」の事件って何？　うなぎをぬすんだことが大きな事件か？

児童　違う。

白石　つぐないをしたことが大きな事件か？

児童　違う。

白石　だよね。何が大きな事件なのかを考えなくちゃいけないんだよ。そして3番目の □ は、誰が変わるの？　兵十じゃないよ。

児童　ごん。

白石　そう。ごんだよね。もうここまでわかれば書けるでしょ。ものすごく大きなことが起こっているよね。その大変なことが、あの四角の中に入らないといけないね。

白石　(机間巡視をしながら、独り言) あれえ、そういうふうになるのか……。

白石　あのね、この話は、ごんがつぐないをする話なの？　つぐないはきっかけでしょ。まだ、ここ (事件) のところがとらえられていないなあ。大変なことが起こるでしょ。その大変なことを入れなきゃいけないんだよ。

白石　兵十のおっかあが死んだことが、大変なことか？

児童　違う。

白石　兵十のおっかあが死んだのを自分のせいだと思い込んだけど、あれも事実じゃないよね。ごんが思い込んだんだよね。

—数分、時間をとる。—

白石　はい。じゃあ聞いてきます。最初の □ は？中心人物が入るよね。中心人物は？

児童　ごん。

白石　じゃあ、大変な事件は？

児童　勘違いすること。

白石　ごんが勘違いすること？　勘違いすることによって、ごんが変わる？

解説

これまで十分に読みを重ねてきたはずであったが、やはり、中心人物・ごんを変容させた事件についての認識が、まだ十分ではなかったようだ。その理由の一つには、物語の冒頭でうなぎを盗む場面や、何度も繰り返されるつぐないの印象がどうしても強くなってしまうからかもしれない。
また、今回の学習では、つぐないのきっかけがごんの思い込みであることを明らかにしたが、これがある意味、子どもたちにとっても衝撃的だったようで、そのことを学びの中心ととらえてしまったのかもしれない。

児童　兵十のおっかあが死んだこと。

児童　加助と兵十の話を聞くこと。

白石　二人の話を聞くことが、このお話の中で大変な事件か？

児童　兵十のおっかあが食べたかったうなぎを盗み、兵十のおっかあが死んだと思いこむこと。

白石　おっかあが死んだこと？　思い込んだこと？

児童　兵十に火縄銃で撃たれたこと。

児童　勘違いしてつぐないをしたこと。

—児童から出た意見を、板書していく—

白石　何がいったい大きな事件なんだろう。勘違いをしたことか？　兵十のおっかあが死んだことか？　この物語で一番大きな事件は何だ？

児童　兵十に撃たれたこと。

白石　なぜ、そう思う？

児童　兵十に撃たれたあと、しずかにうなずきましたっていうことは、心情曲線を書いたときもそうだったけど、兵十がごんのことをわかった瞬間に二人の心が一致したから、撃たれたことが大きな事件だと思う。

白石　○○君の話、どう思う？

児童　あってる。

白石　「あってる」じゃいけない。○○君の考えをどう思うかっていうことを、先生、聞いてるの。△△君は、うんうんってうなずきながら聞いてたよな。どう？

児童　兵十は､撃ったあとにぱたりと銃を落として「ごん、お前だったのか」ってわかって、ごんもそのことがわかって、気持ちが通じ合えたから、そこで心が大きく変わったと思う。

白石　そうするとさあ、ごんが勘違いをしたり、つぐないをしたりしたことと、撃たれたことを比べると、ごんが撃たれたっていうことは、とっても大きな事件だよね。勘違いやつぐないは、撃たれることのきっかけでしかないもんね。じゃあ、「一文」を仕上げてみるよ。２番目の□は、「兵十に撃たれることによって」だね。そして最後は、どう変わった？

児童　兵十に自分のことをわかってもらった。

OnePoint

子どもの発言や意見に対して、「それは違うよ」と言ってしまうのは簡単だが、それではその発言をした児童に学びがない。あえて「どうしてそう考えるのか」と理由を問うことによって、考えが不十分だった点などに自分で気付かせることが効果的である。また、それが正しい答えだったとしても、理由を言うことができなければ、きちんと理解した上での発言とは言えない。
いずれにしても、発言や意見の理由、根拠も説明できることが大切なのである。

OnePoint

「うんうん」といううなずきも、子どもの意思表示のひとつ。大切にしていきたい。

白石　そうだね。ごんは兵十にやっとわかってもらえたんだね。だって、こんなことをしてきたんだよ。（第３時に使った短冊を出す。）うなぎのつぐないに、こんないいことをしたんでしょ。どうしてここまでしたんだっけ？

児童　自分がうなぎをとってしまったことによって兵十のおっかあが死んでしまったと勘違いしたから。

白石　そうだよねえ。もう一つは？

児童　おっかあが死んでしまって兵十が一人になってしまって、自分も一人だったから。

白石　一人ぼっちのさみしさがわかったんだよな。だから、「おれがくりや松たけを持っていっているのに神様がくれたと思われたら引き合わないなあ」とおもったんだよね。あげくの果てに、あくる日もくりを持っていったら……。

児童　撃たれた。

白石　そう。撃たれてしまったんでしょ。こうやって見てくると、「撃たれる」っていうことが、この物語では一番大変なことだよな。

解説

ごんが撃たれたことがこの物語の中で一番大変な事件だと言うのは、中心人物・ごんの心情を大きく変化させたから、という意味である。ごんの生死に関わるから大変な事件だ……という意味ではないことに注意。

3「一文」をふくらませる

白石　この一文を、もう少しふくらませていくと、この物語がもっとよくわかると思うんだけど、中心人物はごんだって言ったけど、どんなごん？「ごん情報」は？

児童　いたずら好き。

児童　一人ぼっち。

児童　あなをほって住んでいる。

児童　小ぎつね。

白石　（児童の発言を板書しながら）これだけ？　ごんがしたことからも言えるでしょ。

児童　つぐないをした。

白石　そうだね。つぐないをしたね。

児童　本当はやさしい。

白石　やさしい？　それはあなたの気持ちでしょ。ごんがしたことから聞いているんだよ。

児童　思い込み。

白石　うん。思い込んだ。

OnePoint

物語を一文で表すことや、それをふくらませた文には、「正解」があるわけではない。「この要素は必要」「これは的外れ」といったことはあるが、その範囲内であれば、どう表現するかは、それぞれの子どもごとに違っていて構わない。「絶対にこの一文しかない」と考えてしまうことのほうが、本質をとらえていないことになる。

児童　うなぎをとってしまった。
白石　（板書しながら）こんなごんが、撃たれたんだよ。どうして撃たれたの？
児童　またいたずらをしに来たと思われたから。
児童　兵十の家から出るのを見られてしまった。
児童　あのとき、おっかあに食べさせるためのうなぎをとってしまった。
児童　えっ？　おっかあに？
白石　おっかあに食べさせるためかどうかはわからないけれど、うなぎをとってしまったね。うなぎをとったごんだから、撃ってしまった。いたずらばかりしていたんだな。ごんはいたずら好きだったからね。

まとめ

4「ごんぎつね」にサブタイトルをつける

白石　じゃあ、最後。ごんは、どんな自分をわかってもらったの？
児童　兵十につぐないをした。
白石　つぐないをしていることをわかってもらった。
児童　反省している。
児童　心がやさしいこと。
白石　心がやさしいこと？　それは飛躍しすぎだぞ。
児童　自分も一人ぼっちなこと。
白石　それもあるね。とにかく自分がやってきたことを、やっとわかってもらえたんだね。
白石　まとめると、「ごんが兵十に撃たれることによって、 兵十に自分のことをわかってもらえた話」ということになるね。みんながむずかしかったのは、「一番大きな事件は何か」っていうところだったね。勘違いやつぐないじゃなかったね。気を付けて読みましょう。
白石　じゃあ最後。この物語の題名は「ごんぎつね」だけど、もし、サブタイトルをつけるとしたら、どんなものになるかな？。
児童　「兵十にわかってもらった」。
白石　……うーん。あんまりそういうふうに具体的にしないで……。

解説
最後にサブタイトルをつけるという発展的な活動をとり入れた。作品のテーマを違った切り口で表現させることで、読みを定着させることができる。

児童　「わかってもらったごん」。
白石　うん。そういうのはあるかもしれないな。
児童　「兵十とごん」。
白石　「ごんぎつね　―兵十とごん―」。んー、ごんの何かを入れるといいかもしれないね。
児童　ごんの心
白石　「兵十とごんの心」。うん。これおもしろいね。
児童　「つぐないをしたこと」。
白石　「つぐないをして」にするといいかもしれない。
児童　「思い込み」
白石　いいねえ。このお話の中で出てきた、大切な言葉を入れるといいんだよ。
児童　「火縄銃」。
児童　そうくるか。
児童　「兵十へのつぐない」
白石　おー、いいねえ。
児童　「一人ぼっち」。
児童　言われた！
白石　「一人ぼっち」いいなあ。
白石　こんなふうに、いろんなことが考えられるよね。

5「ごんぎつね」を紹介する（宿題）

白石　じゃあ、みんなに紙を配るから。新聞を作ったときと同じように枠をとって、題名を書いて、「ごんぎつね」を紹介するお手紙や、ポスターを作ってきてほしい。たてでも横でもいいよ。たとえば、「ごんぎつね」っていうタイトルを書いて、横に自分が考えたサブタイトルをおいて、そのあとに、自分なりの「一文」を書いてもいいね。
児童　絵も描いていいですか？
白石　もちろんです。来週授業で提出してもらいます。きれいなのをかいてきてね。じゃあこれで、「ごんぎつね」の勉強をおしまいにします。

解説
いわゆる言語活動が「活動のための活動」になってしまうのは、学習内容と切り離された活動を行うためである。今回宿題で出した「紹介」は、これまで学習してきた成果を、自分なりに表現するものであり、どれだけ物語を理解できたのか、評価にも結びつけることができる。

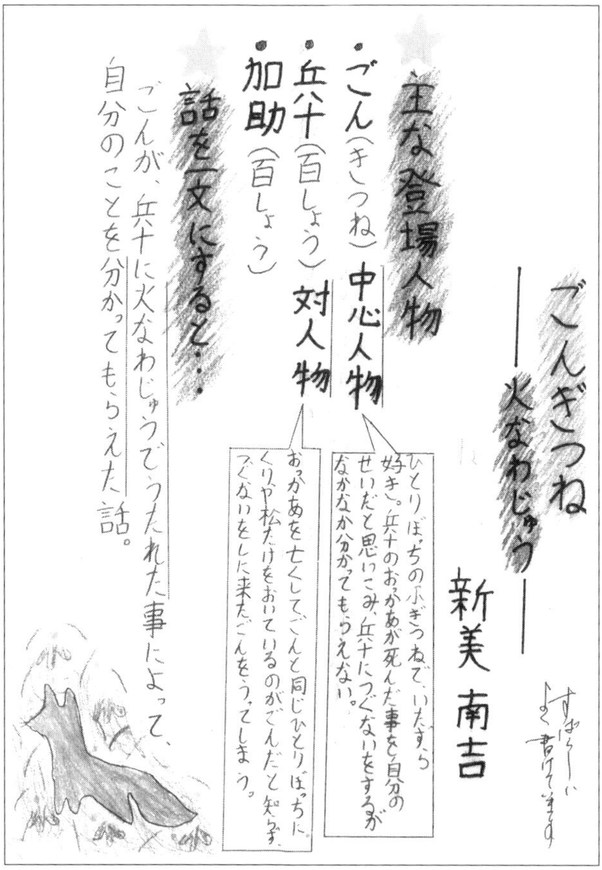

ごんぎつね
―火なわじゅう―
新美南吉

すばらしい よく書けてます

★主な登場人物
・ごん(きつね) 中心人物
・兵十(百しょう) 対人物
・加助(百しょう)

ひとりぼっちのきつねで、いたずら好き。兵十のおっかあが死んだ事を自分のせいだと思いこみ、兵十につぐないをするがなかなか分かってもらえない。

おっかあを亡くして、ごんと同じひとりぼっちに。くりや松たけをおいているのがごんだと知らず、つぐないをしに来たごんをうってしまう。

★話を一文にすると…
ごんが、兵十に火なわじゅうでうたれた事によって、自分のことを分かってもらえた話。

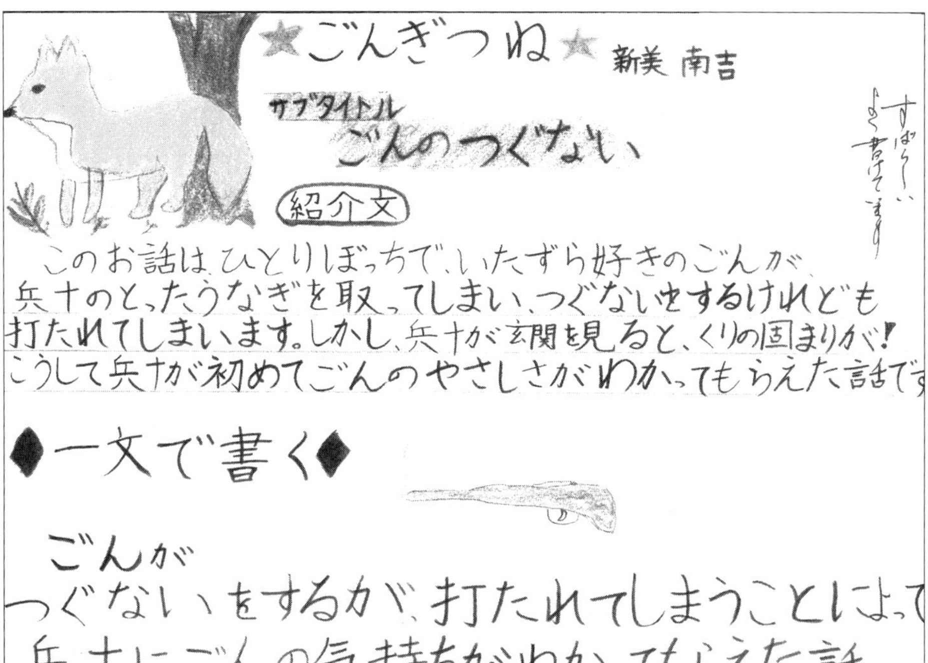

★ごんぎつね★ 新美 南吉

サブタイトル
ごんのつぐない

すばらしい よく書けてます

紹介文
このお話は、ひとりぼっちで、いたずら好きのごんが、兵十のとったうなぎを取ってしまい、つぐないをするけれども打たれてしまいます。しかし、兵十が玄関を見ると、くりの固まりが！こうして兵十が初めてごんのやさしさがわかってもらえた話です

◆一文で書く◆
ごんが
つぐないをするが、打たれてしまうことによって
兵十にごんの気持ちがわかってもらえた話。

「ごんぎつね」授業を終えて

「ごんぎつね」の授業をして、いつも感じることは、読者がごんに感情移入しすぎてしまい、自由に作品世界の想像を広げていってしまうことである。

今回も子どもたちの最初の読みは、「ごんのいたずらが原因で兵十のおっかあは、うなぎが食べられなくて死んでしまった。」と読み、だからごんはそのつぐないをして、兵十に撃たれ死んでしまったという読みをしていた。

確かに物語を読むということは、読者が好きなように想像を広げて読むことが本来の姿であるという考え方もあるが、これは、「読書」の楽しみ方であって、教科書を通して、国語の時間に読む学習においては違うのではないだろうか。

国語の時間で読む物語の学習は、どんな読みの力を付けるのか、どんな読みの力を使って読むのか・・・というように国語の読みの力の育成を考えていかなければならないのではないかと思う。「読書で楽しむ」ことと「国語の読みの学習」は区別していく必要があるのではないかと思っている。

今回の授業においては、子どもたちの最初の読みを、中心人物ごんの言動を手がかりとして読んでいった。さらに、作品の特徴である「視点の転換」に着目させ、二人の心を読むようにしてきた。

「ごんぎつね」の授業をすると、いつも思い出す子どもの日記がある。

『ごんぎつね』を読んだ４年生の子どもが「喜び」を日記に表現した。この作品を読んで「喜び」？と思うかもしれない。しかし、そこにはその子なりの「喜び」があった。

> お母さんから「ごんぎつねを声に出して読んで」と言われたので読みました。でも、最後のページは小さい声になりました。「もっと大きな声で」って言われたけど、つらくて読めません。胸が痛くなる気がしました。つらくて、声に出して読めませんでした。
> 今日の授業で、ごんは生きているって気がつきました。
> 「ごんは、ぐったりと目をつぶったまま、うなずきました。」
> うなずいたんだ。そうだよ。死んでない。生きているからうなずけるんだ。よかった。よかった。ぼくはパッと明るくなった気がしました。
> 帰ってから、お母さんにすぐにいいました。「ごんは生きているよ。」
> ランドセルの中から、教科書を出して説明しました。お母さんも「そうか、そうか、よかったね。」って言っていました。

この子の日記から、読書の喜び・学習の喜びを見ることができる。『ごんぎつね』を読んだ子どもたちの多くが「ごんは死んだ」と読んでしまう。この読みを子どもたちに持ち続けさせるのか、学習することによって、新しい世界を味わわせるのか。文学の授業を考えさせられるとともに作品を読むことの「喜び」を改めて考えさせられた。

著者紹介

白石 範孝（しらいし のりたか）

筑波大学附属小学校教諭
1955年鹿児島県生まれ。明星大学教育学部卒業。東京都公立小学校教諭を経て、現職
明星大学講師、使える授業ベーシック研究会会長、全国国語授業研究会理事、国語ＩＣＴ研究会会長、学校図書小学校国語教科書編集委員

【著書】

- 『他へ転移できる力としての学力―学力を向上させる授業―』（小学校国語基礎学力向上シリーズ） 単著 東洋館出版社 2005年10月
- 『3段階で読む新しい国語授業―教材がわかる！授業ができる‼―』 編著 文溪堂 2011年3月
- 『板書でわかる国語教科書新教材の授業プラン 小学校3年』 編著 東洋館出版社 2011年4月
- 『白石範孝の国語授業のフルコース―おいしい国語授業レシピ2―』（Hito・yume book） 単著 文溪堂 2011年8月
- 『白石範孝の国語授業の教科書』 単著 東洋館出版社 2011年12月
- 『読解力がつく白石流「要点・要約・要旨」の授業』 単著 学事出版 2013年1月
- 『白石範孝の国語授業の技術』 単著 東洋館出版社 2013年2月
- 『国語授業を変える「用語」―教材がわかる！授業ができる‼―』（hito*yume book） 編著／江見みどり・駒形みゆき・田島亮一・野中太一著 文溪堂 2013年3月
- 『論理的に読む国語授業づくり 低学年』（白石範孝の考える国語授業シリーズ 第1巻） 編著 明治図書出版 2013年3月
- 『論理的に読む国語授業づくり 中学年』（白石範孝の考える国語授業シリーズ 第2巻） 田島亮一との共編著 明治図書出版 2013年3月
- 『論理的に読む国語授業づくり 高学年』（白石範孝の考える国語授業シリーズ 第3巻） 香月正登との共編著 明治図書出版 2013年3月
- 『3段階で読む新しい国語授業―教材がわかる！授業ができる‼2（実践編 物語の授業）―』（Hito・yume book） 単著 文溪堂 2012年3月
- 『3段階で読む新しい国語授業―教材がわかる！授業ができる‼3（実践編 問いをもたせる授業と説明文）―』（hito*yume book） 単著 文溪堂 2013年8月
- 『おさえておきたい指導の要点＆技術50―白石範孝の国語授業―』 単著 明治図書出版 2014年4月
- 『小学校国語 授業でもできる問題解決学習実践モデル』 編著 学事出版 2015年3月
- 『小学校国語 授業でもできる問題解決学習実践モデル』 編著 学事出版 2015年3月
- 『まるごととらえる国語教材の分析―教材がわかる！授業ができる‼―』（hito*yume book） 国語会議との共編著 文溪堂 2015年7月
- 『物語の授業』（白石流国語授業シリーズ1） 編著 東洋館出版社 2015年12月
- 『説明文の授業』（白石流国語授業シリーズ2） 編著 東洋館出版社 2015年12月
- 『詩の授業』（白石流国語授業シリーズ3） 編著 東洋館出版社 2015年12月
- 『未完の論理』 単著 東洋館出版社 2016年3月

ほか多数

白石範孝集大成の授業
「ごんぎつね」全時間・全板書

2016（平成 28）年 3 月 12 日　初版第 1 刷発行
2024（令和 6 ）年 7 月 26 日　初版第 8 刷発行

著　者：白石 範孝
発行者：錦織 圭之介
発行所：株式会社 東洋館出版社
〒 101-0054 東京都千代田区神田錦町 2 丁目 9 番 1 号
コンフォール安田ビル 2 階
代　表　電話 03-6778-4343　FAX 03-5281-8091
営業部　電話 03-6778-7278　FAX 03-5281-8092
振替　00180-7-96823
URL　https://www.toyokan.co.jp
デザイン：小林亜希子
印刷製本：藤原印刷株式会社

ISBN978-4-491-03206-1
Printed in Japan